AF155252

Anonymus

Taschenbuch des Wiener Theaters

Anonymus

Taschenbuch des Wiener Theaters

ISBN/EAN: 9783743327955

Hergestellt in Europa, USA, Kanada, Australien, Japan

Cover: Foto ©ninafisch / pixelio.de

Manufactured and distributed by brebook publishing software
(www.brebook.com)

Anonymus

Taschenbuch des Wiener Theaters

Taschenbuch
des
Wiener Theaters.

geschrieben und jetzen liegt.
Der historische Theil derselben ist

WIEN,
bey Joseph Anton Edlen von Trattnern,
k. k. privilegirten Groß = und Buchhändler.

1777.

Vorbericht.

Die Absicht, und der Endzweck dieser Art Brochüren ist durch die Menge, die wir deren bereits besitzen, zu sehr bekannt, als daß es nöthig seyn sollte sich darüber erst weitläuftig zu erklären, wenn sie ihrer Bestimmung entsprechen, so können sie für nichts kleiners, als für schätzbare Beyträge zur Vollständigkeit der Geschichte des Nationaltheaters angesehen werden, und sie müssen jedem ein willkommenes Geschenk seyn, dem der Fortgang oder die Abnahme, überhaupt der Zustand desselben am Herzen liegt.

Der historische Theil derselben ist natürlicherweise immer das vorzüglichste ihres Werthes; Richtigkeit, und Vollständigkeit sind die beyden

For=

Forderungen, die die Leser hierinne zu machen berechtigt sind.

Was nun die gegenwärtige Schrift anbelangt, so trägt der Herausgeber derselben nicht das geringste Bedenken zu behaupten, daß sie in Rücksicht ihres Hauptzweckes (der Geschichte) das sey, was sie seyn soll, und sich für die Wahrheit dessen, was man darinne finden wird, öffentlich zu verbürgen; die Begebenheiten, deren darinne Erwähnung geschieht, trugen sich alle unter den Augen desjenigen zu, der sie aufgezeichnet hat, und es giebt da nicht das mindeste, das er nur auf Gerathewohl hingeschrieben hätte.

Ueber diesen Theil seines Buches kann der Herausgeber also ziemlich ruhig seyn, er ist versichert nichts wichtiges vergessen, und nichts unwahres gesagt zu haben.

Den kritischen Theil seiner Schrift überläßt er — zu einer billigen Entschädi-

schädigung daß er sich damit bemengt
hat — gerne den Anfällen der Unzu=
friednen, ihre Einwendungen werden
nicht ihn, sie werden das Publikum
treffen, denn die kleinen Urtheile, die
sich in dem Taschenbuche finden, sind
größtentheils nichts als die Aussprü=
che des Publikums selbst. Er glaubt
daran nicht unrecht gethan zu haben,
daß er mehr die Meinungen der Men=
ge referirt, als sein individuelles Ge=
fühl geltend gemacht hat, er ist auf
diese Art selbst als Kritiker noch Ge=
schichtschreiber geblieben.

Die Gedichte müssen unter dem
Schutze ihrer Verfasser bleiben, die
wenigen, die sich von dem Heraus=
geber herschreiben — der, wie er gar
wohl weiß nichts weniger als ein Dich=
ter ist — wird ihm der, dem sie nicht
gefallen, vielleicht zu gute halten;
die Gegenstände die er besang rissen
ihn hin, und er hatte gesungen ohne

)(3   dar=

daran zu denken, daß er kein Sänger sey.

Das Fragment über den Ausdruck
des Schauspielers ist, was es ist,
ein Fragment, zu dessen ausführli-
cherer Behandlung sich vielleicht einst
Gelegenheit zeigen wird.

Ich habe nichts mehr zu sagen,
als daß es die Aufnahme des Publikums entscheiden wird, ob das Taschenbuch in Zukunft fortgesetzt werden soll, oder nicht.

Wien den 1ten Jenner 1777.

In-

Inhalt.

I. Ge=

I.

Gedichte.

An den Freyherrn von Bender. (*)

Der Thorheit wilde Kaverne, schallend
　　Vom Gelächter des Unsinnes,
Und der kriechenden Posse Tumult, war
　　Dein Theater, o Vaterland!

A

In

(*) Wir sind weit entfernt die Verdienste jener vortrefflichen
Männer zu verkennen, deren eifrigen Bemühungen wir

In deiner besseren Söhne Busen
 Sprach nur leise der warme Wunsch:
„ Dich, o Tugend! zu lehren, Gefühle
 „ Der begleitenden Thräne werth.

„ Des Himmels bestes Geschenk, Gefühle
 „ Werth von Menschen gefühlt zu seyn,
„ In die schlagenden Herzen zu strömen,
 „ Sitten bilden dem freyen Volk,

„ Den Thoren, strahlet er gleich erkauften
 „ Schimmer, knirscht seine Rott' um ihn
„ Gleich das Knirschen der Rache, zu schleudern
 „ Von des Stolzes Gethürm im Staub,

„ Dem Lasterfröhner ins Herz (siebenfach
 Von des Acherons Finsterniß
„ Umhüllt) Flammengezische zu leuchten
 „ Mit der Eumeniden Hand,

      „ Sey

sonst noch unser verbessertes Theater zu verdanken haben,
nur wissen wir auch, daß ihnen schon verschiedentlich
Gerechtigkeit widerfahren ist; aber Er, dieser große,
dieser edeldenkende Patriot, der, was der Philosoph
für die Bühne raisonirte, der Liebhaber und Freund
derselben ihr wünschte, für sie that — wer hat Ihm
Gerechtigkeit widerfahren lassen? —

„ Sey der Göttinnen Geschäft, umflossen
   „ Ernst die Stirne vom Schleyer, und
„ Gürtellos auf die Freude gelehnet ˮ
   Ward der brennende Wunsch zum Wort

Schnell stürmte göldener Pöbel, Dummheit
   Mit der Scheitel von Eisen, und
Schändlich selbst sich verzehrender Neid ihn
   Von der bebenden Lippe weg.

Itzt aber, Vaterlands Flamm' im Busen,
   Edeln Unwill auf hoher Stirn
Riß ein Mann sich hervor, braußt die Stürme
   Mit gewaltigen Arme fort,

Verachtet stolzes Gehöhne, schmettert
   Tief der Dummheit empörte Rott',
Und des Neides Phantom in den Abgrund,
   Schmidt an Ketten von Demant sie —

Und nun, o Vaterland! Musentempel,
   Tugendlehrerin, fühlender
Seelen Wonnepallast, und der Weisheit,
   Des sanftlächelnden Scherzes, und

Der

4

Der Sitten Schule ist deine Bühne —
    Deutschlands erste, dein Stolz, o Wien!
Nicht der plumpen Satyre Gespött mehr,
    Neid vom schwächeren Fremdeland.

Von Götter Abglanz beschimmert, steht er
    Herrlich da, wie die Sonne, der
Schönen Künste Olymp, alle Künste
    Tanzen fröhliche Reihn in ihm.

Und Er that's Vaterland! Er, dein warmer
    Thäter, diesen Olymp schuf Er —
Bender — tön ihn mit Stolze den Namen
    Tuba, wie du die Götter tönst.

Du aber, Vaterland! hör den Sänger
    Seines Ruhmes; es schwanden ihm
Viele Tausende (deiner Satrapen
    Söhnen schwinden auch Tausende

Im giergen Schlunde der Lust, konnt er nicht
    Wie sie werfen im Schlamm sein Gold?)
Aber ungerührt sieht er sie schwinden,
    Zählt die Tausende nicht, und schweigt.
                  Freut

Freut sich, daß Tausende seinem Lande
    Schwinden, Nußen ihm wird, und Ruhm
Von den Tausenden — finde noch Herzen
    Edel, seinem gleich, Vaterland!

Doch wärens Tausende nur, am Golde
    Mangelts Vaterland dir noch nicht,
Zehnfach gäbst du sie ihm — doch dein Busen
    Wär er ledig von Danke denn?

Und wie bezahltest du ihm der Freuden
    Wonnezauber, der Thränenlust
Tief aus offener Seele gewunden,
    Die Elysischen Bebungen

All, die des Herzens Gedräng durchbeben,
    All die mächtgen Entzückungen,
All die himmlischen Schauer, die Stunden
    In dem Freuden Olympus all

Dahingebracht, bey der Muse Liedern
    Bey Melpomenens Trauerton,
Bey dem Lächelgesange Thaliens,
    Und bey Erathons Saitenspiel

Und

Und wie bezahltest du's ihm, das Fama
　　Laut durch staunende Völker ruft:
„ Deutschlands erstes Theater sey itzo.
　　„ Dein Theater, o Vaterland !

„ Der stolze Fremde sprach Hohn dem Sohne
　　„ Wiens, und lächelte Spott ihm zu,
„ Itzo ehret er ihn, blickt Bewundrung,
　　„ Itzo schäumet er Neidgezisch “ —

O das bezahlst du ihm nicht, dem Edeln,
　　Und kein Sänger bezahlet es —
Schweig Lied ! — besser belohnt als mit Liedern
　　Lohnt sein eigen Bewußtseyn ihn.

　　　　　　Der Herausgeber.

Der

Die Schauspieler.

Ein Lied schwillt mir im Busen, sucht Inhalt sich;
Wer giebt den Inhalt? stimmet der Harfe Ton?
Soll's rasch? soll's hoch, der Sonn' ins Antlitz?
Oder gelinde wie Sommerlüftchen?

Euch will ich singen, Täuscher der Phantasie,
Der vaterländschen Bühne gewählter Schmuck!
Die zu Herolden sich die Tugend
Feinere Sitte zu Bildern auslas.

Klatscht euch die Menge trunkenen Beyfall zu,
Und weint mein Freund voll stiller Empfindungen
Euch zur Unsterblichkeit, und ruft der
Kenner dahingeraft: unnachahmlich!

Und, ha, die Harfe schwiege? sie sänge nicht
Von euerm Spiele, dem sie Vollendung dankt?
Brich aus, was fragst du mehr nach Inhalt?
Ströme Gesang, der im Busen mir schwillt.

A 4   Erstes

Erstes Lied.

Was seh ich? welch ein Seelenerschütternder
Furchtbarer Anblick! trügt mich mein Auge nicht?
Ist's Bergopzoomer? ja, in Mackbets
Hülle! wie schrecklich! wie ganz der Stoff selbst!

Ha! wie er auffärth! nun ihn der Rache Bot'
Der Bot' von Malkolms dräuenden Einfall trifft;
Der, Gott zum Führer, dem entrißnen
Erbe willkommen, schon Sieger anrückt.

Wie sich Verzweiflung wild in die Stirne gräbt!
Die starren Augen einzieht, ist wieder schwellt!
Die Zähne knirschen, wie die Wuth ihn
Wider den Boden gewaltsam hinwirft!

Er rings um sich schlägt! fluchend! hier, hier will ich
Des Tods, der Hölle warten: und flucht, und schlägt,
Daß Grausen tief im Waldsturm heult, daß
Weichende Donner dem Fluch entbeben.

Und itzt, woher im stürzenden Ungestümm?
Die Wange zitternd, Mord im gerollten Aug?

                                        Was

Was soll das Eisen hingeschleudert
Abgeraft Rüstung, und Helm zur Erde?

Die überfüllte Schaale mit Lastern sank;
Besiegt, beschämt, am Ende der Herrlichkeit,
Am Weg zur Hölle steht er — gräbt im
Haupthaar sich wild, drehts aus, und brüllet —

Nie Bergopzoomer! wagt es mein Saitenspiel
Dich auszusingen, wie du durchbohret sinkst,
Noch hingesunken nach dem Schwert kriechst,
Wankend am Schwerte nochmal dich aufschlepst,

Und nun dem zweyten Stoße ganz unterliegst,
Des Himmels Zorn auf Antlitz, und Stirne trägst;
Wer sieht dich, fühlt, und bebt nicht?
Muß nicht fluchen dem Laster, und Unschuld lieben?

* *
*

So schätzbar, aber tausendmal schätzbarer,
Wenn du im stillen Reitze der Tugend kömmst,
Ein sanfter Schauer durch das Herz bebt
Thränen im Auge der Menschheit glänzen

A 5   D

O mehr als Klatschen, Thränen entlockt zu sehn!
Wer darf dir gleichen, wenn du's im Walltron siehst?
Doch hier reißt mich ein neu Gesicht fort!
Walltron! verzeih, ich muß dich lassen.

Zweytes

Zweytes Lied.

Hinauf nun Harfe! bis in das reineſte,
Das feinſte Silber, dem das Herz überfließt
   Daß das Gefühl, wie am verjüngten
   Morgen die gierige Saat den Thau, trinkt.

Hinauf zu Saccos klagenden Zauberton,
Der biegſam, ſchmelzend, ſüſſeſter Anmuth voll,
   Harmoniſch, gleich den Engelſtimmen,
   Seelen von Erzt unaufhaltſam durchdringt.

O wer dich dächte, Stunde der Seligkeit,
Der Himmelsfreude, da ich erwartungsvoll
   Dich als Sophie, der beſten Gattin
   Lebendes Bildniß, nun ſtaunend anſah,

Nun Fluth auf Fluth ein ſtrömender Zährenbach
In's Aug empor drang, ich mich dem Strom ergab,
   In mich gekehrt, der edeln Thränen
   Niedrigen Seelen verkannte Luſt trank.

Wie mirs zur Bruſt drang, als du der Wunde noch
Dich nicht verſahſt, ihr ſicher entgegengiengſt,
                   Noch

Noch ruhig, heiter, mit vertrautem
Scherze dem Bruder das Herz durchbohrteſt;

Bekümmert, gleich als drohte der Streich mir ſelbſt,
Stand ich, erbebt ich, als dich der Streich itzt traf,
  Vergaß das Spiel, und Sacco, ſah nur
Ehliche Treue, ſah nur Sophien,

Wie auf der Wahrheit Stuffen ſo meiſterhaft
Du vom Affekt zum Gegentheil überſchwandſt!
  Wie Töne, wie Geberden, Mine,
Alles zu einem geſtimmt, Natur war!

Und ſchwieg der Mund — der Augen beredter Wink,
Und Antlitz, Farb', ein herzlicher Seufzer ſprach,
  Im Nu ſprach, was Gedanken zaudernd
Einſame Stunden durch nicht entwickeln —

Daß keine ferne Stunde der Scene Bild
Mir je verrücke, wo's itzt: er lebe: ſcholl;
  Wie Nacht, Betäubung auf dir ſtarrte,
Ohnmacht den Sinnen noch feſſelnd oblag,

All

Allmählig Leben wider erwachte, sich
Der Schleyer hob, das Aug sich erhellete,
   Den Mann rings umher gierig suchte,
      Itzt ihn erblickte, der Blick ihn durchdrang,

Ein seelvoll Lächeln über das Antlitz sich
Ergoß, du munter dastandst, im Blitze dich
   Auf deinen Mann warfst, Walltron! Walltron!
      Schriest, ihm—oAnblick! am Herz verstummtest.

Der Vorhang sank zwar, aber mir glühte noch
Der Geist von Bildern, träumte die Nacht sie durch,
   Noch beym Erwachen glitt der letzte
      Tropfe die röthliche Bahn herunter.

Drittes

Drittes Lied.

Dein Ruhm ist sicher, würdger Stephanie!
War schon im Norden, uns noch ein Mährchen, reif;
   Befestiget mit jeder Rolle
     Sich im Besitze; kann er's, so wächst er.

Groß, und verfolgt von schauenden Tausenden
Mit lautem Beyfall, wenn in Emilia
   Du Prinz bist; Anstand, Adel, Hoheit
     Kleinsten Gebehrden den wahren Ton giebt.

Noch größer, und von ringenden Tausenden
Verfolgt mit lauterm Beyfall als d'Orbesson,
   Wenn Scene, Volk, und Spiel dir schwindet,
     Mitten im Stoffe nun ganz du selbst bist.

Am größten, wenn kein Pöbel dich mehr erreicht
Im Tellheim—wärs auch, schwiegen hier Tausende;
   Dir überwiegt der stille Beyfall
     Den dir ein Kenner, und dein Gefühl schenkt,—

Noch wünscht der Norden sehnsuchtsvoll dich zurück;
Mißgönnt uns dich. O, wohl uns! noch möchte sonst
                Im

Im weiten Deutſchland irgend eine
Bühne ſich kühn mit der unſern meſſen.

Viertes Lied.

Ein aufmerkſames Schweigen verbreitet itzt
Sich überm Halbkreis; ehrfurchtsvoll wagt's kein
Laut
Die Stille zu entheiligen, die dem
Feſtlichen Auftritt entgegen feyert.

Sie kömmt! ſie kömmt! nun dringen von rings=
umher
Geſchärfte, feurige Blicke zuſamm auf eins,
Erſtaunen kreißt, auf jedem Antlitz
Bildet ſich jeder Affekt unwiſſend.

Wie ſtark, wie groß, wie prächtig, o Weidnerin!
Im Auge Nachdruck, Suada im Munde, Macht
Im wichtgen Arm, im Schritte Mannheit —
Weidnerin! fühl es, du biſt nur eine!

Nur ſelten klatſch ich, immer im Herze nur
Gewohnt dem Spieler Dank zu empfinden — doch
Hier

„Hier geb ich selbst den Ton an, folgt mir!
Weidnerin! fühl es! du bist nur eine!

* *

*

Was hör ich, hier ist's Harfenlaut! Harfenlaut
Ist's wieder hier! im Laute der Bühne Ruhm!
Ha! unterstützt mich, singt, vollendet!
Viel ist des Stoffes für eine Harfe.

* * * * ld.

An Elfriden.

(Gespielt von Madam Sacco.)

Dich zu besitzen raubt dir Atelwold die Krone,
Und Tod von Edgars Hand wird ihm dafür zum
Lohne.
Sein Schicksal war gerecht—er hat nur feig geraubt,
Dich zu besitzen hätt' ich Edgarn sie geraubt.

Der Herausgeber.

Bey=

Beylage zu der Sackuhr,
die der kleine Müller nach der Vorstellung des Edelknaben von einer
Fürstin bekam.

Zum Danke für dein artig Spiel,
Das gestern allgemein gefiel,
Soll, allerliebster Edelknabe,
Dir diese überschickte Gabe
Gewidmet seyn!
Und willst du mehr die Geberin erfreun,
So danke kleiner Künstler ihr
Ja nicht dafür:
Denn daß du bis zu Thränen rührest,
Wenn du so glücklich die Natur kopirest,
Und Männern selbst das Herze brichst,
Wenn du für deinen Bruder sprichst,
Dies übersteigt, naiver Knabe!
Den Werth der überschickten Gabe.

5 * * r

B   An

An Herrn Lange.

Sie ruhte lang die Harfe, ruhte,
Selbst Göttersöhnen sang sie nicht,
Und Erdegöttern nicht,
Und Erdegötter Lieblingen,
Und Lieblinginnen sang sie nicht;
Und säng sie nicht — der Laut der Schmeicheley
Glitscht ihre Silbersaiten ab,
Ein Mißton schreyt in feiles Lob —
Doch naht sich ihr ein Freund der Tugend,
Ein Geist vom Himmel abgestammt,
Und Himmelsflamm' im Busen,
Und Adlersblick im Auge,
Und warm bey schönen Worten,
Und wärmer noch bey schönen Thaten,
Naht sich ihr der, denn wallt die Silbersaiten
Ein leiser Ton hinauf,
Er trift des Harfenschlägers Ohr,
Und reißt ihn hin zu ihr.
    So riß' mich's itzt, o Jüngling, hin!
Der Laut von deiner Größe wallt
Die Harf hinan —
Dir lodert Flamme in der Seele,

                           Von

Von höhrer Art, wie einst der Geyerdulder (*)
Dem neidschen Titan sie entwand,
Sie lodert, und sie glänzt;
Doch gleisset sie nicht falschen Schimmer,
Ihr Aushauch wärmt, und beßrer Augen Thränen
Zerschmelzet sie, und junges Süßgefühl
Reift an ihr, wie an Sommersonnen
Der Schatz Pomonens reift.
O du, dem den geweihten Dolch
Melpomene vertraut, wie wärmt
Der Flamme Aushauch mich, wie quillt
Mein Thränenguß dir zu, wie reift
An dieser Sonne mein Gefühl!
Ergriffen, hingerissen,
Erschüttert von dir Zauberer,
Wie nennt's die Sprache, was das Herz nicht nennt,
Was nur im Herz auf dein Gebote wühlt,
Dies aus sich selbst entrissene,
Dies Ingefühl an dir? —
O nennte sie's die Sprache, denn
Wärst du der Jüngling nicht,
Der Feurbegabte nicht,

B 2   Denn

(*) Prometheus.

Denn wallte dir der Harfenton
Die Silbersaiten nicht hinauf.

* * h.

An Miß Burton.

(Gespielt von Dem. Jacquet der ältern.)

Wo lebt der süße Knabe,
Der dich, o süßes Mädchen
Zur Gabe sich verdiente,
Ganz Unschuld, und ganz Liebe,
Und so wie du einfältig,
Und so wie du entzückend?
O lebt der süße Knabe,
Denn führe seinen Bruder
Dir Amor in die Arme,
So keimt noch späten Zeiten
Von Grazien, und Amorn
Ein wonnig neu Geschlecht.

* * h.

An

An Demoiselle Teutscherin.

Holde, liebe Minna, quäle
Deinen Tellheim nicht!
Sieh, er liebt mit ganzer Seele,
Hängt an dir so dicht,
So wonnevoll, so herzlich, und so warm
Als Ruhe in der Tugend Arm.

Wer auch, bestes Mädchen, hienge
Seelvoll nicht an dir?
Wer, o bestes Mädchen, fienge
Nicht den Blick von dir
So innig auf, als in dem Rosenthal
Charmides seiner Gottheit Strahl? (*)

Aber holde Minna, quäle
Deinen Tellheim nicht,
Ah, wohlthätige! verheele
Ihm den Himmel nicht!
Ach kürze, kürze deiner Schalkheit Lust,
Flieg hin an seine treue Brust.

R * *

(*) Charmides und Theone Buch 1. Nro: 3.

Gruß der Grazien

an ihre

Schwester Sacco.

***

Mit Musik.

***

Schwesterchen! noch nicht so groß
Warst du als der Zweig der Myrte,
Und voll reger Lehrbegierde
Lagst du lächelnd uns im Schoß,
Lerntest früh an unsern Blicken
Mit der süssen Freundlichkeit,
Mit der holden Lieblichkeit
Deine junge Mine schmücken.

Lerntest uns den Liebreiz ab,
Wie mit freundlicher Geberde
Jener, auf der Rosenerde
Schlafend, diese Küsse gab,
Wie in heiligen Gefilden
Sich bey Lunens Silberglanz
Zu dem leichten Reihentanz
Fuß und Hand geschmeidig bilden.

Wie

Wie die Rosenknosp im Hayn
Morgenthau in sich verschlieſſet,
Wie der Morgenthau zerflieſſet
Schlürft ihn jedes Blätchen ein,
So verschloſſeſt du die Lehre,
Schlürfteſt ſie ſorgfältig ein,
Wie den Thau die Roſ' im Hayn,
Jüngſte Tochter von Cythere.

Und dein Herz war Blumenhauch,
Heilig, wie der Unſchuld Beben
Am Altar, dein kleines Leben,
Wie die Unſchuld fröhlich auch;
Dir aus dem Gewühl der Aeſte
Liſpelten entgegen: Kind,
Holdes, ſüſſes Götterkind!
Liſpelten dir laue Weſte!

Holde Freudenſchafferinn!
Nun entwuchſeſt du der Pflege,
Aber giengſt die heilgen Wege
Mit geprüfter Treue hin,
Und die ſchweſterlichen Lehren
Waren immer heilig dir,

Immer

Immer gegenwärtig dir,
Konntest nimmer sie verhören.

Liebes Schwesterchen! dafür
Ward, daß Seelen sich entschließen, (*)
Ward, daß Herzen dir zerfließen,
Himmelsmacht zum Lohne dir!
O an deinem Zauber hangen
Jünglinge und Greise still,
O das reinste Mitgefühl
Bebt von blühnden Mädchenwangen.

Unser bester bester Gruß
Walle dir dafür entgegen,
Anadyomenens Segen,
Anadyomenens Kuß,
Sey uns tausendmal gegrüßet
Mit der Freude schönsten Gruß,
Mit der Liebe wärmsten Kuß
Süße Schwester sey geküßet.

$\qquad$ **Der Herausgeber.**

$\qquad\qquad$ Der

(*) statt aufschlüßen!

Der Herausgeber kennt die Schwä=
che dieſes Artikels ſo ſehr, daß er ſicher
ganz damit zurückgehalten haben würde,
wenn er nicht zu voreilig, und zu leicht=
gläubig gegen die Verheiſſuugen einiger ſei=
ner Bekannten, und noch mehrerer Unbe=
kannten, die ihm Unterſtützung verſprachen,
ſich gegen das Publikum dazu verbindlich
gemacht hätte. Aus einer Menge von
Wuſt, den er in den Händen hat, waren
mit der allergelindeſten Auswahl nur die
wenigen Stücke, die er hier abbrucken ließ,
die erträglichſten, und wie wenig abſolute
Erträglichkeit ſelbſt dieſe haben, weiß er
ſehr wohl. Uebrigens iſt er nicht ſo eitel
zu glauben, daß es auf diejenigen Mitglie=
der des Nationaltheaters, deren Namen
in dieſen Verſen nicht vorkommen, ob
ſie es gleich eben ſo unterſcheidend verdien=
ten, nur irgend den geringſten Eindruck
machen könne, daß ſie übergangen worden
ſind, ſollte es aber wider Vermuthen ei=
nen ſolchen Eindruck auf ſie machen, ſo
muß der Herausgeber ſie verſichern, daß

B 5   er

er blos aus Achtung für sie und ihren Ruhm
die schönen Sächelchen unterdrückte, mit
denen diese oder jene kakokimische Seele je=
den aus ihnen anleyern wollte; es stand
blos in seiner Macht jeden aus ihnen zu
begrüssen, so reichhaltig ist er versehen worden.
(wie denn sogar eine dytyrambische Ode über
die Rolle des Lehrjungen im Schneider
und sein Sohn in seinen Händen ist) aber er
wollte mit der Ausübung dieser Macht
weder sich selbst, noch vielweniger aber die,
denen er Ehre zudachte, lächerlich machen
— künftig soll dieser Artikel besser besorgt
werden, oder ganz wegbleiben.

Ein

II.

Ueber den Ausdruck des Schauspielers.

Ein Fragment.

Der Verfasser der freymüthigen Erinnerung an die deutsche Schaubühne über die Vorstellung des Brutus (*) sagt bey Gelegenheit, als er den Marcius, die Proberolle des unserer Schaubühne nur allzufrüh entrissenen vortreflichen Schauspielers, des ältern Herrn Lange beurtheilt, indem er sich an diesen Schauspieler selbst wendet: „ Ich habe an ihnen den starren
„ Blick, den geöffneten unbeweglichen Mund,
„ wodurch sie die Vermischung des Schre-
„ ckens und Erstaunens ausdrückten, tadeln
„ gehört. Verschließen sie vor solchen Be-
„ urtheilern ihr Ohr, die nicht wissen, wie
„ weit

(*) Welche den 20. August 1770 gegeben ward.

„ weit der Schauspieler den Ausdruck trei=
„ ben darf. Da die Gränzen der bilden=
„ den Künste, der Mahlerey der Bildhaue=
„ rey nach ihrem Endzwecke einerley sind,
„ so könnten sie diese zu niedlichen Kunst=
„ richter vor die Gruppe Laokoons führen,
„ dem die Künstler kein Bedenken trugen,
„ weil es der Ausdruck des Schmerzens er=
„ forderte, den Mnnd zu öffnen. „ (*)
Die Beziehung auf die Gruppe Laokoon
wünscht ich vorerst aus dieser Stelle weg,
sie kqnnte dem Schauspieler zu keiner Recht=
fertigung wider diejenigen dienen, die einen
weitoffnen Mund für einen Fehler gegen
die Anmuth, der sich ihrer Meynung nach
der Schauspieler, wie der Artist befleißigen
muß, hielten. „ Laokoon erhebt kein schreck=
„ liches Geschrey, sagt Winkelmann, die
„ Oeffnung des Mundes gestattet es nicht,
„ es ist vielmehr ein ängstliches und be=
klemm=

(*) S. 19.

„ klemmtes Seufzen „ (*) Laokoon öff=
net den Mund nur so weit als ihn ihm die
Künstler öffnen durften, ohne sich zugleich
die Nothwendigkeit aufzulegen, die übrigen
Theile des Gesichts durch die gewaltsamen
Verzerrungen, und Verschiebungen, die ein
weit geöffneter Mund veranlaßt, zu ent=
stellen; aber die Stellung, in welcher der
Schauspieler beschrieben wird, das Erstau=
nen, der Schrecken beweisen es deutlich,
daß sein Mund das war, was man einen
aufgerissenen Mund nennt, das wovon die
Oeffnung beym Laokoon gerade das Ge=
gentheil ist, mit einem Worte der höchste
Ausdruck der Leidenschaft, den die Künst=
ler des Laokoons aus weiser Kenntniß der
Gränzen ihrer Kunst gemildert, und auf den=
jenigen Grad herabgesetzt haben, in dem er
sich mit ihrer letzten Absicht, der Schön=
heit, vertragen konnte.

Sonst

(*) Von der Nachahmung der griechischen
Werke in der Mahlerey, und Bildhauer=
kunst. Seite 22.

Sonſt würd ich mich gegen die Tadler
des Schauſpielers faſt eben ſo herausgelaſſen
haben, als der Verfaſſer — Es iſt wohl
ausgemacht, ſagt einer der ſeichteſten Beur‑
theiler, oder vielmehr Extrahent dieſer klei‑
nen Brochure „ es iſt wohl ausgemacht,
„ daß ſich der Schauſpieler, im Ausdru‑
„ cke heftiger Leidenſchaften noch mehr mäſ‑
„ ſigen müſſe als der bildende Künſtler, da
„ die Illuſion ſeiner Kunſt an und für ſich
„ ſchon ſtärker iſt, zu geſchweigen, daß er
„ ſtäts dem Dichter untergeordnet bleiben
„ muß. Ich bin daher zweifelhaft ob der
„ offne Mund eine gute Wirkung thue„ (*)
Ich begreife nicht, wie man nur mit
den erſten Grundſätzen der Kunſt bekannt
ſeyn, und ſo was ſchreiben könne! es ſoll
ausgemacht ſeyn, daß der Schauſpieler den
Ausdruck nicht ſo weit treiben dörfe, als
der bildende Künſtler? Wer hat das aus‑

ge‑

(*) Das Parterre von C.H. Schmid. S.
126.

gemacht? Herr Schmid? und durch welche
Gründe hat Herr Schmid das ausgemacht?
wir wollen sehen.

Wenn Lessing untersucht, warum der
bildende Künstler in dem Ausdrucke in Ver=
gleichung mit dem Dichter zurückbleiben,
und ihn nie aus dem höchsten Punkte der
Handlung nehmen dürfe, so giebt er davon
folgende Ursachen;

Erstlich: weil der Künstler, der aus dem
Ganzen der Handlung, die er vorstellen will,
nur einen einzigen Augenblick benußen kann,
nothwendig den fruchtbarsten Augenblick
wählen müsse, denjenigen Augenblick, der
der Einbildungskraft die Freyheit läßt, sich
noch über den Ausdruck des Künstlers zu
schwingen, hiezu aber der höchste Grad des
Affektes gerade am unbrauchbarsten sey,
weil über ihn die Einbildungskraft nicht
hinaus kann. (*)

Zweytens: Weil die bildenden Künste
in

_____

(*) Laokoon III. S. 24.

ihren Werken permanent nichts vorstellen
sollen, was sich nicht anders als transitorisch denken läßt, der höchste Grad jeden
Affekts. aber seinem Wesen nach zu jenen
Erscheinungen gehöre, die plötzlich ausbre-
chen, und plötzlich verschwinden, folglich
demselben durch die Behandlung des Artisten eine widernatürliche, die Illusion stöh-
rende Fortdauer gegeben werde. (*)

Diese Ursachen, sagt Lessing, sind aus
den nothwendigen Schranken, und Bedürf-
nißen der Künste hergenommen, schwerlich
also dürften sie sich auch auf die Dichtkunst
anwenden lassen — und eben so schwerlich
auf die Schauspielkunst, deren Schranken
eben so wenig, als jene der Poesie mit den
Schranken der bildenden Künste einerley sind.

Der Schauspieler hat eben sowohl, als
der Dichter die Freyheit den Affekt von dem
ersten Augenblick bis zu den letzten zu durch-
laufen, oder vielmehr seine Kunst legt ihm
dies

(*) Laokoon. III. S. 25.

dies als ein Geſetz auf, denn, da er dem
Dichter Schritt vor Schritt folgen muß,
deſſen größte Kunſt aber darinne beſteht,
die Leidenſchaft von dem Punkte ihrer Ent-
ſtehung an, bis zu dem Punkte wo ſie auf-
hören muß, mit der Beobachtung aller der
Nüancen, die die verſchiednen Grade derſelben mitſammen verbinden, ſinnlich zu machen, ſo wüßt ich nicht was der Schauſpieler thun ſollte, wenn er hierinne zurückbleiben müßte.

Der Anblick des höchſten Grades der
Leidenſchaft iſt beleidigend, wenn er dem
Zuſchauer unvorbereitet in die Augen fällt,
wenn er ſich aus dem Gegenſtande, den er
damit behaftet ſieht, nicht erklären kann,
durch welchen Drang von Zufällen ſeine
Leidenſchaft bis zu dieſer Höhe habe ſteigen
können — und das iſt gerade, was er ſich
bey dem Werke des Malers, des Bild-
hauers nicht kann; er ſieht eine Mutter,
die ihre Kinder ermordet, und wendet ſich
von dem ſchauderhaften Anblicke weg,
weil es ihm der Künſtler durch nichts be-

C   greif-

greiflich gemacht hat, wie sie zu dieser un=
menschlichen That gebracht werden konnte,
weil ihm nur gleichsam wie auf einmal das
gräßliche der That selbst unter die Augen
gebracht wird, entblößt von allen den Um=
ständen, die ihn darauf vorbereiten, die sie
ihn erwarten machen konnten.

Aber diese nämliche That in dem Ballete
des vortrefflichen Noverrs (*) dem man
schwerlich vorwerfen wird, daß er nicht wisse,
wie weit er gehen dürfe, erweckt sie da
auch diese schaudernde Betäubung, die die
Künste nicht erwecken sollten? nein! und
warum nicht? weil der Zuschauer, der nur
Schritt vor Schritt zu dieser schaudernden
Katastrophe geführt wird, durch den unglück=
lichen Stand, in dem er die Medea jedes=
mal erblickt, gleichsam gezwungen ist, sie zu
erwarten, und weil eben durch diese Erwar=
tung jener betäubende wilde Schauder, den
der unvorbereitete Anblick derselben erweckt
hätte,

(*) Recueil des programmes des ballets de
Mr. Noverre. das Ballet Medeé & Jason

hätte, gemildert, und in mitleidige Furcht,
in mitleidiges Schrecken, kurz in Empfindungen, die die nachahmenden Künste allerdings erwecken dürfen, verwandelt wird.

Noch mehr: bey dem Künstler sieht der
Betrachter aus der oben gegebenen Ursache
nur die Mörderin Medea, nur die Beleidige-
rin, die Unterdrückerin, nur einen jener Charaktere, mit denen keine der nachahmenden
Künste, die Poesie selbst nicht ausgeschlos-
sen, sich abgeben sollte. Bey dem Dichter,
bey dem Balletmeister hingegen sieht er gerade das Gegentheil davon, er sieht die be-
leidigte Medea, die gekränkte Gattin, die
verlassene Liebhaberin, die unterdrückte Un-
glückliche, er nimmt Theil an ihren Unfällen, er
wünscht sie an ihren Verfolgern gerächt zu sehn,
er setzt sich an ihre Stelle, und fühlt mit
ihr, daß sie die Rache für solche Beleidi-
gungen nicht zu weit treiben könne, ja er
glaubt wohl gar, daß er selbst an ihrem
Plaße sie eben so weit treiben würde, er in-
teressirt sich, er simpathisirt mit ihr —

C 2　　　　aber

aber wie kann er das bey der Medea des
Künstlers?

Die Anwendung hievon auf den Schau=
spieler macht sich von selbst; hat der Dich=
ter seine Rolle bis auf das non plus ultra
des Affektes getrieben, so muß er ihm fol=
gen, ja er würde sich sehr an dem Endzwecke
seiner Kunst versündigen, wenn er zurückblie=
be — Setzen wir eine Schauspielerin, der
die Rolle der Medea in dem Trauerspiele
des Seneka (*) aufgetragen wäre, wollte
bey der schrecklichen That, die sie der Dich=
ter in Angesichte des Volks vornehmen
läßt, aus falsch verstandener Delikatesse ih=
ren Ausdruck mildern; setzen wir, sie drückte

in

_____

(*) Ich wähle vorsetzlich ein Beyspiel, bey
dem der Dichter selbst getadelt wird, daß
er zu weit gieng, denn wenn es sogar bey
einem solchen für den Schauspieler noth=
wendig ist, daß er ihm folge, so ist diese
Nothwendigkeit auch zngleich für alle
schwächern Fälle erwiesen.

in ihrem Gesichte, und in der Wildheit ih=
rer Geberden nicht alle die übermenschliche
scheußliche Wuth aus, von der uns ihre
Seele angeschwellt zu seyn, scheinen muß,
sie setzte nach der Anweisung des Kenners
der alten Kunstwerke ihre Wuth auf Ernst,
oder auch nur auf einen geringern Grad
von Zorn herab: hat sie damit gewonnen,
hat sie das gräßliche ihres Charakters ge=
mildert? — wahrhaftig noch zehnmal
gräßlicher, noch zehnmal abscheulicher ist es
durch sie geworden, denn — ich will nichts
von der beleidigenden Mißhelligkeit sagen,
die sich sodenn zwischen ihrer That, und ih=
rem Betragen bey dieser That nothwendig
finden muß — ich will nur sagen, daß,
wenn die Medea, die wie ein Teufel mor=
det, aber es zugleich mit aller der überlau=
fenden, mit aller der fürchterlichen wilden
Raserey thut, von welcher der Mensch in
ähnlichen Situationen hingerissen wird, ein
scheußlicher Anblick ist, die Medea, die auch
wie ein Teufel mordet, aber es zugleich mit
aller der Kälte, mit aller der Heiterkeit

thut,

thut, die nur ein Teufel in solchen Augenblicken
übrig haben kann, ein noch weit scheußliche=
rer Anblick ist.

Es erhellt aus diesem Beyspiele, daß
der Schauspieler im Grunde nichts mildert,
wenn er sich mäßigt, er gehe kühn, so weit
ihn sein Dichter gehen heißt; dieser wird,
wenn er seine Kunst versteht, schon selbst
dafür gesorgt haben, daß er nicht zu weit
komme; er wird schon jeden Zug, der ein=
zeln für sich den Zuschauer beleidigen
konnte, durch das vorhergehende so vor=
bereitet, oder durch das folgende so ge=
mildert haben, daß er in der Verbin=
dung die treflichste Wirkung thun muß,
hat er aber dies nicht gethan, der Dich=
ter, desto schlimmer für ihn, und nochmal
desto schlimmer für ihn, wenn sobann der
Schauspieler unternimmt es an seiner Stelle
zu thun — das wiedersprechende der Rol=
le mit der Ausführung des Schauspielers
wird die Schwäche beyder verrathen.

Es würde lächerlich seyn, nun auch von
tem zweyten Grunde, den Lessing wider
die

die Behandlung des höchsten Grades der
Leidenschaft für den Artisten anführt, be=
weisen zu wollen, daß er auf den Schau=
spieler nicht gezogen werden könne, die Sa=
che beweiset sich von selbst; vielmehr läßt sich
aus dem Gegentheil, ich meyne daraus,
daß alle Aeußerungen der Schauspielkunst
transitorisch sind, deutlich genug erweisen,
daß die Nachahmung jener Gegenstände,
die ihrem Wesen nach transitorisch sind, al=
so auch der höchste Grad des Affekts ihre
Beschäftigung seyn könne, und müsse. Ich
darf hierüber nur die eigenen Worte Les=
sings anführen „Als transitorische Malerey
„ braucht sie (die Schauspielkunst) ihren
„ Stellungen jene Ruhe nicht immer zu
„ geben, welche die alten Kunstwerke so im=
„ ponirend macht. Sie darf, sie muß sich das
„ Wilde eines Tempesta, das Freche eines
„ Bernini öfters erlauben; es hat bey ihr
„ all das ausdrückende, welches ihm eigen=
„ thümlich ist, ohne das beleidigende zu
„ haben, das es in den bildenden Kün=

C 4 „ sten

„ ſten durch den permanenten Stand er-
„ hält „ (*)
_____

Wenn übrigens die Ausübung der größten Virtuoſen in jeder Kunſt über das, was
in derſelben thunlich und anſtändig iſt, ent-
ſcheiden kann, ſo iſt der geöffnete Mund
durch das Beyſpiel das der Verfaſſer der
freymüthigen Errinnerung aus den Noverri-
ſchen Briefen gewählt hat, das Beyſpiel
Garricks (**) mehr als hinlänglich ge-
gerechtfertigt — „in der vom Garrick an-
„ geführten Beſchreibung finde ich nichts
„ vom offnen Munde„ ſagt Herr Schmid
— kahl und abgeſchmackt genug — in
Wahrheit ich finde auch nichts vom offnen
Munde in dieſer Beſchreibung, aber Herr
Schmid wird mir doch erlauben, daß ſich
andre Dinge drinne finden, die wider die Mäßigung, die er dem Schauſpieler vorſchreiben
will,

(*) Hamb. Dramat. 5. Stück 38. Seite.
(**) Briefe über die Tanzkunſt von H.
Noverre S. 161. der Ueberſetzung.

will, noch weit mehr verstoſſen als ein off⸗
ner Mund ; dieſes Schlottern der Knie,
dieſe Verlängerung der Geſichtszüge, dieſe
blaſſe unterlaufene Todesfarbe, womit er
es zu koloriren wußte, dieſes ſchreckliche
Dahinſinken, dieſes Ringen mit dem Tode,
dieſes Kratzen der Erde, dieſes fürchterli⸗
che Todesſchluchzen, dieſe konvulſiviſchen
Bewegungen der Phyſiognomie, der Arme,
und der Bruſt u. ſ. w. wenn Herr Schmid
alles dieſes zuſammen genommen dem Schau⸗
ſpieler gütigſt paſſirt, ſo mag er nur auch
den offnen Mund hingehn laſſen, er müß⸗
te denn nur beweiſen können, daß dieſes
ganze grauenvolle Gemälde weniger Aus⸗
druck hätte, als ein geöffneter unbeweg⸗
licher Mund.

Doch das wird er nicht, eben ſo wenig
als er mit den Gründen, die er anführt,
ſeinen Satz, daß der Schauſpieler ſich
mehr mäßigen müße als der Artiſt, be⸗
weiſen wird — wir wollen ſie ein wenig
berühren, dieſe Gründe.

Erſt⸗

Erſtlich, ſagt er, muß der Schauſpieler ſich mehr mäßigen, als der Künſtler,
weil die Illuſion ſeiner Kunſt an und
für ſich ſchon ſtärker iſt. Wenn ich Herrn
Schmid das: die Illuſion der Schauſpielkunſt iſt ſtärker als jene der bildenden Künſte, worüber ſich noch ſo man-
ches ſagen lieſſe, zugeben ſoll, ſo muß er
mir dafür etwas anders zugeben, daß ich
für weit richtiger halte als jenes, nämlich:
daß es für den Schauſpieler weit ſchwe-
rer ſey, Illuſion zuwege zu bringen, als
für den bildenden Künſtler. Den Eindruck der Malerey, der Bildhauerey em-
pfangt die Seele durch einen Sinn, durch
das Geſicht, jenen der Schauſpielkunſt empfängt ſie durch zween Sinnen, durch das
Geſicht, und das Gehör; bey Seite ge-
ſetzt alſo, daß die Seele, wenn ſie durch
mehrere Sinnen zugleich Bilder empfängt,
auch zugleich mehr zerſtreuet wird, ſo iſt
doch ſicher, daß ſie eben dadurch, daß ſie
den Eindruck von mehrern Orten zugleich
erhält, auch zugleich mehr Hülfsmittel hat
den

den Betrug zu entdecken. Kann der Mah-
ler nur durch das Auge täuschen, so kann
sein Betrug auch nur durch das Auge verrathen werden: muß der Schauspieler aber
durch das Auge, und das Ohr zugleich
täuschen, so ist Auge und Ohr, also ein voll-
kommener Sinn mehr als bey dem Maler
wider ihn auf seiner Hut.

Dieses aber voraus gesetzt, so ist es eben
so einleuchtend, daß je leichter der Betrug
des Schauspielers entdeckt werden kann, er
eben so viel Hülfsmittel mehr haben müsse
ihn zu verbergen, und was heißt das anders; als daß es ihm frey stehen müsse, den
Artisten im Ausdrucke eben so weit hinter
sich zu lassen, als es für ihn, der zwey
Wächter betrügen soll, gegen jenen, der
es nur mit einem aufzunehmen hat, nothwendig ist? Der ruhige Ausdruck des Gesichts an der Gruppe des Laokoons gefällt,
und rührt; aber der Schauspieler, der in
dem Philoktet des Sophokles seine jammer-
vollen Ausrufungen, sein Klagegeschrey,
seine Verzweiflung mit eben dieser ruhi-
gen

gen Mine begleitete, würde uns sicher zu lachen machen; bey jenem hindert uns nichts zu glauben, daß er seinen Schmerz so gesetzt, so standhaft ertrage, als es seine Mine beweiset; dahingegen bey dem letzten uns die gewaltsamen Anstrengungen seiner Stimme alsobald überzeugen würden, daß ihnen der ruhige Ausdruck seiner Phisiognomie nicht entspreche.

Es ist wahr, wenn der Schauspieler endlich so glücklich gewesen ist uns zu täuschen, so ist diese Täuschung inniger, dauerhafter, so ist sie stärker als jene des Artisten; aber dies ist ein Vorzug der Kunst, der dem Schauspieler als eine Belohnung für die größere Mühe, die er anzuwenden hatte, zu statten kommen, und keineswegs wider ihn als ein Grund angeführt werden muß sich diesen Vorzug nicht so sehr als möglich zu Nutze zu machen — sagen: die Illusion der Schauspielukunst ist stärker als jene der Malerey, also muß sich der Schauspieler mehr mäßigen, als der Maler ist eben so viel, als sagen: ei=

ner

ner mit gesunden Füßen kömmt weiter
als ein Podagrist, also muß er nicht so
weit gehn als der Podagrist.

Den zweyten Grund, warum der Schau-
pieler sich mehr mäßigen müße als der
Artist, holt Herr Schmid daher: weil
der Schauspieler dem Dichter untergeordnet bleiben muß.

Nimmt man dieß letzte: der Schauspieler muß dem Dichter untergeordnet bleiben, zum Vordersatze so ist die Schlußfolge, die Herr Schmid daraus zieht, fran-
zösisch genug, um ihn dabey an seine Logik
erinnern zu dürfen; das Argument könnte
allenfalls heißen: der Schauspieler ist dem
Dichter untergeordnet also muß er sich mehr
mäßigen als der Dichter; aber bey dem
Herrn Professor der Dichtkuust kömmt der
Artist ins Spiel man weiß nicht wie.

Doch die Schlußfolge mag immer hingehn, wir wollen uns lieber bey dem Vordersatze verweilen.

Der Schauspieler soll dem Dichter untergeordnet bleiben: das ist eine von den

vielen

vielen Forderungen im dramatiſchen Syſte-
me, die man wie mir ſcheint, ohne Grund
gemacht, oder, wenn ſie ja einigen Grund
hat, ſehr misverſtanden, und viel zu weit
ausgedehnt hat.

Ich finde hier andre — noch dazu ſehr
vortrefliche — Kunſtrichter, die offenbar
der nemlichen Meynung ſind, und denen
Herr Schmid ſeine Weisheit wohl abge-
borgt haben mag „ die Pantomime, ſagen
„ ſie, muß ſich auf der Tragiſchen Schau-
„ bühne, ſowohl als die Muſik in den
„ Schranken einer Hülfskunſt halten, und
„ ſich hüten zum Nachtheile der Haupt-
„ kunſt, der dramatiſchen Poeſie ihre Zauber-
„ künſte zu verſchwenden „ (*)

Herr Schmid wird mir verzeihen, daß
ich ihn auf einige Augenblicke verlaſſe,
und den Streit mit ihm in einen Streit
mit dieſen Kunſtrichtern verwandle. Die
Gefahr

(*) Briefe, die neueſte Litteratur betreffend.
Theil V. S. 109.

Gefahr zu unterliegen ist hier für mich freylich ungleich größer, aber auch ist's rühmlicher hier zu unterliegen, als dort zu siegen.

Zur Sache also — Die Verbindung, in welche in dieser Anmerkung die Pantomime mit der Musik gebracht ist, fiel mir zuerst auf — welche Musik meynen die Verfasser? meynen sie jene Musik, die die ernsthafte Oper, das eigentliche Trauerspiel der Alten begleitet, oder meynen sie nur jene, welche vor und zwischen, und nach den Stücken gespielt wird? die erste können sie nicht meynen, denn von der läßt es sich unmöglich sagen, daß sie sich auf dem Theater in den Schranken einer Hülfskunst halten müsse, vielmehr ist sie die herrschende, und die Poesie eigentlich die untergeordnete Kunst.

Sie müssen also von der zweyten Gattung der Musik, von jener Musik reden, die bey uns die Stelle der alten Chöre vertritt, und zwischen den Akten gespielt wird. Von dieser ist die Anmerkung allerdings

dings gegründet; aber wie hat es geschehen können, daß die Kunstrichter diese Musik mit der Pantomime in eine Paralelle bringen konnten? Diese Musik muß sich allerdings mäßigen, sie mag froh seyn, daß man sie auf dem Theater duldet, sie, die im Grunde so entbehrlich ist, daß sie zum eigentlichen Vergnügen der Zuschauer nicht einmal so viel beyträgt, als die theatralische Malerey; weg mit ihr, wenn sie sichs herausnimmt, sich der Aufmerksamkeit des Zuschauers zum Nachtheil der Poesie zu bemächtigen, weg mit ihr! wer vermißt sie? kann das Schauspiel seinen Gang nicht ohne sie fortgehen? ich glaube ja — aber ohne die Pantomime? —

Und schon diese Betrachtung hätte die Verfasser abhalten können, das, was sich von der Musik bey den Schauspielen sagen läßt, nicht auch auf die Pantomime zu deuten. Die Musik ist eine Hülfskunst, weil sie entbehrt werden kann: aber die Pantomime kann nicht entbehrt werden; folglich ist sie keine bloße Hülfskunst.

Ein

Ein Schauspiel ohne Pantomime ist ein
Unding, noch weniger als eine Pantomime
ohne Poesie, denn die gab es wirklich.
Meines Bedünkens ist die Pantomime auf
dem Theater so viel als die Poesie selbst
„ die äußerliche Handlung auf der Schau-
„ bühne, sagen die angeführten Kunstrich-
„ ter weiter unten ist dazu bestimmt, der
„ poetischen Illusion hülfliche Hand zu lei-
„ sten, und dem Vorgeben des Dichters
„ einen Grad der Wirklichkeit mehr zu geben
„ — — das Hauptwerk, den größten
„ Antheil an dem Betruge muß sie der
„ Poesie überlassen „ mir scheint der Zuschauer gehe in die Schaubühne sich überhaupt nicht durch den Dichter, nicht durch
den Schauspieler, sondern durch beyde täuschen zu lassen, ihm ist es gleichviel, wer
ihn täuscht, ob der oder jener, und sie haben ihn sicher beyde schlecht unterhalten,
wenn sie ihm Zeit gelassen haben zu unter-
suchen; von welcher Seite der stärkre Eindruck auf ihn beschehen sey — beyde müssen mit vereinigten Kräften dran arbeiten

D   ihn

ihn zu betrügen, und, um in dem Bey=
spiele der Verfasser zu bleiben, nur denn
glaubt er den Worten eines Sterbenden,
wenn die röchelnde Stimme, die verdreh=
ten Augen, die zückenden Glieder ihn über=
zeugen, daß er einen Sterbenden sieht,
und hört; betet ihm aber jemand die Wor=
te eines Sterbenden mit einer matten unter=
brochnen Stimme, und einem gelinden
Hauptneigen her, so sieht, und hört er
weiter nichts, als einen, der im Schlaf,
oder in Ohnmacht fallen will, und bereits
im Traume, oder in der anwandelnden
Verlassung seiner Sinne Worte eines ster=
benden phantasirt. Denn daß die Einbil=
dungskraft, wie sich die Verfasser ausdrü=
cken in der größten Bereitwilligkeit sey,
sich betrügen zu lassen, und also mit dem
gelindesten Anstrich der Wahrheit vorlieb
nehme, scheint mir mehr witzig als wahr.

Es geht dem Dichter und Künstler, wie
im gemeinen Leben einem offenbaren Lüg=
ner, jedermann verschließt sein Ohr vor
ihm, und er hat Mühe uns oft die wah=
resten

reſten Dinge glauben zu machen. Der
Artiſt iſt bekannt für einen Mann, der durch
ſeine Künſte Chimären realiſiren will, er
macht ſich öffentlich dazu anheiſchig, und
empört eben dadurch die dem Menſchen an-
gebohrne Eitelkeit, durch ſeinen Scharfſinn
jedes Blendwerk, das man ihm vormachen
will zu entdecken. Wir bieten aller unſrer
Aufmerkſamkeit auf nur den kleinſten Umſtand zu finden, womit wir ihn ſeines Be-
truges überführen können, und wir ſind
gewiß immer bereitwilliger, ihm wie einen
Taſchenſpieler auf ſeine Griffe zu kommen,
als ihm zu glauben (*)

Noch eine Kleinigkeit hab ich bey der

D 2   obi-

_____

(*) Es iſt bekannt, daß man ſich mehr aus dem
dem Witze als aus dem Gefühle macht
— nicht nur von den Kunſtrichtern,
ſelbſt von den Leſern iſt es wahr, daß unter
zwanzigen die ein Buch leſen, nur Einer
es genieſſen will, die übrigen haſchen
nach Fehlern.

obigen Anmerkung zu errinnern. „ die Panto=
„ mime heißt es muß sich hüten ihre Zau=
„ berkünste zum Nachtheil der Poesie zu
„ verschwenden „ Erstlich verschwenden
muß sie ihre Zauberkünste nie, nicht weil
sie der Poesie, sondern weil sie sich selbst
dadurch schadet; der Ausdruck verschwen=
den ist also blos der Lebhaftigkeit des Vor=
trages wegen gewählt, und soll nach dem
wahren Sinne der Stelle, und ihres Zu=
sammenhanges nur heissen, die Pantomi=
me soll ihre Zauberkünste nie zum Nach=
theile der Poesie äussern — Das aber heißt
meiner Meynung nach nichts geringers gefo=
dert, als die Schauspielkunst (*) muß
sich

(*) Die Verfasser der Litteraturbriefe ver=
stehen unter dem Worte Pantomime wohl
nichts anders als unsre heutige Schau=
spielkunst — von der Pantomime der
Alten, deren erstaunliche Wirkungen wir
nur aus hin und wieder zerstreuten Be=
schreibun=

sich nie ihrer Vortheile bedienen, sie muß aus Gefälligkeit für die Poesie sich immer eines großen Theils ihrer Gewalt begeben, sie muß um die Poesie nicht zu verdunkeln immer wie Phillis Aglayen bat, (*) weniger reißend seyn, als sie wirklich ist. Denn die Schauspielkunst kann ihre Zauberkünste nie anders äussern, als verbunden mit der Poesie, da aber soll sie selbige nicht äussern, folglich — —

Und hieher war's, wohin ich eigentlich kommen wollte; nimmt man die Unterord-

D 3 nung,

schreibungen kennen (†) und die sich wirklich ohne alle Hülfe der Worte ausdrücken kounte, ist in dieser Stelle offenbar die Rede nicht.

(†) Beynahe alles, was wir hievon aus alten Schriftstellern wissen, hat Dubos in dem 3ten Theile seiner Reflexions critiques sur la poesie & sur la peinture gesammelt.

(*) Die Gratien 4tes Buch S. 119.

nung, in welche man den Schauspieler ge=
gen den dramatischen Dichter versetzen will
in dem Verstande, daß jener von seiner
Kunst weniger als er wohl könnte, zeigen
müsse, um die Kunst des letztern nicht zu
verdunkeln, so ergiebt sich die Unbilligkeit
dieser Forderung von selbst — warum soll
der Schauspieler dem Dichter zu gefallen
kleiner scheinen als er ist? — und über=
dieß wie entehrend für die Poesie selbst
ist diese Forderung! durch ihre eigne Kraft
muß sie sich heben, durch sich selbst muß
sie schimmern, sie muß sich kühn, und
stolz neben jede der mit ihr wettstreitenden
Künste hinstellen, und ihren erhabnen Vor=
zug behaupten, nicht von der Bereitwillig=
keit der übrigen sich ihrer Vortheile nicht
zu gebrauchen, erbetteln — welch
ein elender Sieg über einen Gegner, dem
man die Arme auf den Rücken gebunden
hat, damit er sich nicht vertheidigen könne.

Die Verfasser haben der Mäßigung, die
sie dem Schauspieler vorschreiben, selbst
eine Einschränkung gegeben „ Je größer die
„ Ge=

„ Gewalt iſt, mit welcher der Dichter durch
„ die Poeſie in unſre Einbildungskraft
„ wirkt, deſtomehr äuſſerliche Aktion kann
„ er ſich erlauben ohne der Poeſie Abbruch
„ zu thun, deſtomehr muß er anwenden,
„ wenn er die Täuſchungen ſeiner Poeſie
„ mächtig genug unterſtützen will „ (*)

Dieſes aber angenommen, daß der Schauſpieler ſo weit gehen kann, als er will,
wenn er es mit einer Poeſie zu thun hat,
die nicht in Gefahr iſt durch die Gewalt
ſeiner Pantomime verdunkelt zu werden, ſo
muß es um ſo mehr angenommen werden,
daß er bey einer ſchlechten Poeſie ſo weit
gehn dürfe als er kann, weil es da der
wahre Vortheil des Zuſchauers fordert, daß
ſie verdunkelt werde — bey den Werken
jener mittelmäßigen Geiſter aber, die uns
wie ſich die Schriftſteller ausdrücken „ auf
„ der Bühne nach Sinne und Bewußtſeyn
„ laſſen „ (**) wer wird es dem Schau-

D 4   ſpieler

(*) N. L. B. Theil V. Seite 112.
(**) Seite 111.

ſpieler da verübeln, wenn er durch die Gewalt ſeiner Kunſt das erſetzt, woran es
der nüchterne Geiſt des Dichters mangeln
ließ? wer will es ihm verwehren, wenn
er das Werk des Dichters aus der Reihe
der mittelmäſſigen Produkte heraushebt,
und es uns in dem Augenblicke der Vorſtellung als ein Werk der erſten Klaſſe un-
terſchiebt? wer wird es ihm nicht verdanken, wenn Er, was der unvermögende
Dichter uns ließ, Sinne und Bewußtſeyn
uns raubt — — — —

III.

III.

Geschichte der Schaubühne.
von 1776.

Die Geschichte der Schaubühne war unter uns wohl niemals so sehr ein
Gegenstand der allgemeinen Aufmerksamkeit gewesen, als beym Schluße des vorigen
Theatraljahres. Es war durchgängig bekannt, daß die Schuldenlast des Unterneh-
mers die Bühne schon seit anderthalb Jahren unter Sequestration gebracht hatte, daß
— ich weiß nicht Schlafsucht, oder Eigen-
sinn, oder wie ichs nennen soll — den gros-
sen Haufen seit einiger Zeit kalt und gleichgültig gegen die Bühne gemacht hatte, folglich die Kasse nie zu Kräften kommen konnte sich abzufinden u. s. w. — man hatte
also gegründete Ursachen beym Schluße des
Theaterjahrs eine völlige Veränderung zu
muthmaßen. Man blieb nicht lange in
Ungewißheit, die Sequestration kündigte einen Bankerot an, und er ward angenoh-

D 3   men;

men; Nunmehr war die Bühne das Ziel
der allgemeinen Conversation, in öffentlichen Orten, und in Privat = Gesellschaften
ward von nichts als vom Theater gespro-
chen, Jederman interessirte sich dafür, jene
die sich interressiren mußten, eben sowohl,
als jene, die dabey weder zu gewinnen noch
zu verlieren hatten, ja selbst diejenigen,
die, wenn sie ein Jahrhundert gelebt hätten, und täglich zehn Garricks aufgetreten
wären, die Bühne doch nicht ein einziges-
mal besucht haben würden, sprachen ißt von
ihr so warm, und angelegentlich, als von
Wechseln und Prozenten.

War man darüber, daß der vorige Unternehmer abbanken würde, nicht lange in
Zweifel, so war man es desto länger darüber, wer ihm folgen sollte, und weil doch
nichts beschwerlicher ist, als von etwas zu
sprechen, wovon man nichts zu sprechen
weiß, so erleichterte sich jeder seine Conversation dadurch, daß er in Ermanglung bes-
serer Nachrichten die seinigen geltend zu machen suchte. Jeder schuf sich einen neuen
En-

Entrepreneur, den er um so eifriger in die
Stelle des vorigen schob, je mehr oder we=
niger ihm darum zu thun war, denn was er
von der Sache wußte, oder zu wissen glaub=
te, oder wissen wollte, bey denen, die in
dem Falle sind alles glauben zu müssen,
Eingang zu verschaffen; Es gab eine Men=
ge Partheyen, deren jede ihre eignen Ver=
muthungen, ihre eignen Gründe, ihre eignen
Wahrscheinlichkeiten hatte, und wäre es nur
dem vierten Theile von denen, die ein oder
der andere zu Unternehmern aufwarf, einge=
fallen, die Chimäre zu realisiren, so hätten
wenigstens hundert Schauspielergesellschaften
in Wien verhungern können.

Der vernünftigere Theil sonderte sich in=
deß mit seinen Meynungen in zwey Par=
theyen, davon die eine behauptete der Hof
würde das Theater übernehmen, und die
andre, es würde den Schauspielern selbst
überlassen werden — es kann hier die Fra=
ge gar nicht seyn, ob die erste Meynung
nicht die allervernünftigste war? nicht eben
darum, weil sie, wie man sehen wird, wirk=

lich

lich wahr wurde, sondern weil es schon vor⸗
längst entschieden ist, daß für den Fortgang
des Geschmacks, und für das Vergnügen
der Zuseher nichts gefährlicher sey, als die
Schauspieler sich selbst zu überlassen. (*)

Endlich ward es entschieden; der Hof
übernahm die Gesellschaft der Nationalschau⸗
spieler, und gab die Oberaufsicht darüber
anfänglich dem KK. Obersthofmeisteramte,
nachhin aber dem KK. Oberstkammeramte.
Die wälschen Opernsänger, und die Tänzerge⸗
sellschaft wurde für itzt abgedankt.

Den National Schauspielern ward das
Hoftheater nächst dem Burgthore eingeräumt,
wel⸗

(*) Man darf sich hier nicht erst auf die
Verfassung des königlichen Theaters in
Paris berufen; wer kennt sie nicht, wer
weis es nicht — wenigstens aus den Kla⸗
gen der Schriftsteller — daß die Schau⸗
spieler daselbst bisher die Tyrannen des
öffentlichen Vergnügens gewesen sind, —
nur

welches von nun an die Nationalschaubühne
heißt, und woselbst sie die Woche viermal
spielen. Herr Stephanie der ältere ward
von der Gesellschaft einmüthig zum Regis=
seur erwählt, er nahm diese Stelle aber nur
unter der Bedingung an, daß ihm ein Aus=
schuß von der Gesellschaft beygegeben werden
sollte, sich dadurch vor allen den Verdrüß=
lichkeiten zu verwahren, die dieses Amt ge=
meiniglich mit sich bringt; mit diesem Aus=
schusse hält er nun wöchentlich eine Ver=

samm=

nur erst neuerlich ward die Sache mit
Aufmerksamkeit betrachtet, und dadurch,
daß man ihnen von Seite des Hofes ei=
nen Directeur gab, mein obiger Satz —
der nichts weniger als mein, sondern aller
Theaterverständigen (*) ist — bestätigt.

(*) S. hievon die Ankündigung der Lessin=
gischen Dramaturgie. Schlegels Werke 3.
Theil S. 252. Essai sur l'art dramatique
von Mercier in dem Kapitel des comœ=
diens, und hundert andere Stellen.

sammlung, die über die eingesendeten Stücke
entscheidet, die Rollen vertheilt, und die
Täge, an welchen die Stücke gegeben werden sollen, bestimmt.

Noch vor Eröfnung des Theaters ward
Herr und Madam Unger engagirt. Sie
debutirte den 11ten April im poetischen
Dorfjunker, als Baronin Altholz, und gefiel ziemlich, seither sind die Vertrauten im
Trauerspiele, und zweyte Mütter, alte Koqueten u. s. f. im Lustspiel ihre Rollen.
Herr Unger erscheint sehr selten auf dem
Theater, auf den man ihn übrigens auch
gar nicht vermißt, denn ausser seiner Figur
die an Weiskern erinnert, sind seine übrigen
Gaben fürs Theater sehr unbeträchtlich; er
trat den 15. April zum erstenmal in Ma-
rivaur falschen Vertraulichkeiten als Prokurator Riemer auf, und spielt nur kleine Rollen, den Le Bon im Hausvater, den Auditeur im Walltron, den Melhorn in der
Maskerade, u. s. w.

Da der Hof das Tänzerchor nicht engagirt hatte, folglich blos Schauspiele ohne

Ballete

Ballette gegeben werden sollten, so wurden die Preise der Plätze verhältnißmässig herabgesetzt.

Am 8ten April ward die Schaubühne nach den gewöhnlichen Fastenferien mit der Schwiegermutter, einem Lustspiel in 3. Aufzügen (*) und der Indianischen Wittwe eröffnet. Der Mangel der Ballette war eine Zeitlang für unser Publikum, das Noverre an das meisterhafteste dieser Gattung verwöhnt hatte, zu fühlbar, es konnte, und wollte sich lange nicht drein finden ein Schauspiel zu entbehren, das so lockend, so befriedigend es auch für das Auge des Zusehers seyn mag, doch im Grunde nichts weniger, als unentbehrlich ist — das war eine der Ursachen, warum das Theater der Nation eine geraume Zeit öde, und unbesucht blieb.

Eine andre davon war Noverre selbst, dieser Wiedererfinder, und Stolz seiner Kunst.

Es

(*) S. das räisonirende Verzeichniß der neuen Stücke S. 105.

Es ist bekannt, daß er im Jahr 1774. von hier nach Mayland abgieng, aber das Publikum fühlte seinen Verlust so sehr, und die Sehnsucht nach ihm war so groß, daß die vorige Direktion ihn noch zu Ende des verflossenen Theaterjahrs aus Mayland wieder hieher verschrieb; Er kam an, mittlerweile aber hatten unvorgesehene Zufälle der Direktion den Schritt, einen Bankerott anzukündigen, abgenöthigt, und da dadurch alle ihre Verbindungen aufgelößt waren, so sah sich Noverre hier, ohne jemand anzugehören.

Von Seite des Hofes ward bey der Uebernahme der Nationalschaubühne durch die öffentlichen Blätter bekannt gemacht, daß das Theater nächst dem Kärntnerthor, jeder Gesellschaft, die sich bey der KK. Nieder. Oesterreichischen Regierung darum melden würde, ohne dafür an irgend jemand das geringste bezahlen zu dürfen, überlassen werden sollte.

Noverre machte sich diese Gelegenheit zu nuße; er versammelte die Tänzer = Gesellschaft,

ſchaft, die, wie ſchon oben angemerkt worden, bey dem Bankerot der Direktion abgedankt ward, und ließ ſich mit Herrn Böhm
dem Principal der Brünner-Geſellſchaft, auf
eine deutſche Operette in Unterhandlungen
ein, ſie wurden bald einig. Herr Böhm
kam mit ſieben Perſonen, und Noverre un-
terſtützte ſeine Operetten mit ſeinen vortreflichen Balleten. (*)

Die Böhmiſche kleine Truppe war,
wenn man ſehr gelinde davon urtheilen will,

E   höchſt

(*) Noverre arbeitete mit der uneigennützig-
ſten Großmuth für das Vergnügen des
Publikums. Er hatte mit Böhm den
Akkord ſo getroffen, daß er dieſem für jede Vorſtellung 50. fl. bezahlte, alles übri-
ge überließ er dem Tänzerchor, das durch
den Bankerot der Direktion auf einmal
ohne Dienſte, und ohne Engagement war,
für ſich ſelbſt behielt er nichts — Das
Tänzerchor gab ihm aus Dankbarkeit eine
Benefit Vorſtellung.

höchst mittelmäßig; sie bestand aus Herrn und Madam Böhm, Herrn Sutter, Herrn Schmid, Herrn Stirl, Madam Waizenhofer, und Dem. Böhm. Ein Herr und Madam Schaller wurden nach der Zeit zur Verstärkung 'angenommen, die elendesten Dratpuppen, die man je gesehen haben kann; unter allen war nur eine Stimme, die gehört zu werden verdiente, der Tenor des Herrn Sutters, der aber zugleich als Schauspieler eine so schlechte Figur, als alle übrigen von der Truppe machte. Sie gaben nichts als Uebersetzungen von französischen Operetten, mit französischer Musik.

Die bescheidene Furcht mit der sich die Truppe angekündigt hatte, gewann ihr die Nachsicht, und die Geduld des Publikums, die sie wirklich sehr nöthig hatte, aber wenn diese Nachsicht, wenn diese Geduld auch noch so groß gewesen wäre, so würde sie am Ende doch für die Truppe nichts weiter gethan haben, als daß sie sie unbesucht, und ungestöhrt den Bänken und Koulissen hätte vortrillern lassen.

Zum

Zum Glücke hatte sie eine Stüße an der
Seite, auf die es sicher war sich zu lehnen,
das war Noverre, und seine Ballete — diese
waren es, die das Publikum zu sehen nicht
müde ward, diese waren es, um derent=
willen es sich gern eine Stunde lang und
drüber von den Opernsängern, Ohr und
Auge beleidigen ließ, um sich alsdenn an
ihnen voll auf zu weiden, diese waren es
die das Haus immer so voll Zuschauer füll=
ten, daß jeden Tag mehr zurück mußten,
als hinein konnten, diese waren es endlich,
die eine Zeitlang das beste deutsche Publi=
kum, gegen die beste deutsche Bühne kalt=
sinnig machten.

Noverre, und Böhm hatten das Kärnt=
nerthor = Theater von 17. April bis zum
17. Junius inne; während dieser Zeit gab
die Böhmische Truppe.

Anton, und Antoinette, von
    einen Ungenannten. Musik von
    Gossnick.   2 mal.
Deserteur vom Sedaine, Mu=
    sik von Montsigny.   1 —

E 2   Faß=

Faßbinder, Text und Musik,
von Ungenannten. 2 —

Freund des Hauses, von Mar‑
montel, Musik von Gretry. 4 —

Hufschmid. 2 —

Huron. 1 —

Lucile, von einem Ungenannten.
Musik von Gretry. 4 —

Prächtige, von Sedaine. Mu‑
sik von Gretry. 2 —

Redende Bild, von Anseaume.
Musik von Gretry. 2 —

Rosenmädchen von Salenci,
von Favart. Musik von Du‑
ny. 2 —

Verstellte Gärtner, von Plein‑
chene. Musik von Philidor. 4 —

Walder, von Marmontel.
Musik von Gretry. 2 —

Zemire und Azor, von Mar‑
montel, Musik von Gretry. 1 —

Zween Geitzige, von Falbaire,
Musik von Gretry. 3 —

alles nach elenden wörtlichen Ueberſetzun‑
gen,

gen, bey denen die Ueberſetzer ihre Worte in die ſchon fertige Muſik paſſen mußten (*) Noverre gab.

Adelheit von Ponthieu.	3 mal.
Horazier und Kuriazier.	3 —
Medea und Jaſon.	11 —
Perſiſche Braut.	6 —
Roſenmädchen von Salenci.	9 —
Weiß und Roſenfarb.	17 —

Dieſer letzte Ballet iſt in der komiſchen —. ich möchte lieber ſagen, anakreontiſchen — Gattung Noverrs Meiſterſtück, ſo wie es in der heroiſch tragiſchen, Adelheit von Ponthieu iſt.

Noverre genoß dieſe kurze Zeit die ungeheuchelſten Zeichen der Hochachtung, und

E 3 des

_____

(*) Ich weiß nicht warum ſich die Truppe nicht der Marchandiſchen Sammlung bedient, in welcher alle dieſe Opern in weit beſſern Ueberſetzungen, auch auf die franzöſiſche Muſik eingerichtet, enthalten ſind —.

des ungetheiltesten Beyfalles ; er ward fast
bey jeder Vorstellung von den entzückten Zu=
schauern vor die Kortine geruffen , der Hof
hatte ihn noch vor seiner Abreise nach May=
land zum k. k. Hof=Balletmeister ernannt,
und nun hatte er das seltne Glück zum
Ritter des H. Kristusordens angenom=
men zu werden ; das ganze Publikum be=
dauerte als er wider weggieng den Verlust
dieses in seiner Kunst einzigen Mannes. Er
ist ißt beym Operntheater zu Paris um jähr=
liche 20000. Livers engagirt.

Noverre war kaum abgereißt, als das
Publikum auf sein Nationaltheater wieder
aufmerksam ward , daß Ende der Ballete
war für dasselbe der Anfang einer glücklichen
Epoche, es wurde von da an häufiger, und
fleißiger besucht. Es hatte ißt mit nie=
mand als einer italiänischen Opera Buffa
zu wetteifern , die unter privat Unterneh=
mern ihre Vorstellungen seit dem 28. May
angefangen hatte , und eine Gesellschaft der
besten Stimmen war.

Die=

Diese Oper bestand aus Hrn. Poggi,
Marchetti, Moricci, Baſſißten. ſr. Jer-
moli, Seni, Boſcoli, Querieri Tenori-
ſten, dann Madam Poggi, Dem. Cava-
lieri, Dem. Sandora, Madam Weiſin,
Dem. Noricci, und Madam Concilio. Sie
erhielt um in Kärntnerthortheater auch für
andre Geſellſchaften noch Plaß zu laſſen von
Hofe die Erlaubniß wechſelweiſe, bald in
der Schaubühne am Kärntnerthore, bald in
der Nationalſchaubühne zu ſpielen.

Sie gab anfangs nichts als Opern, nach
Noverrs Abreiſe aber engagirte ſie einen Theil
der Tänzergeſellſchaft, und Herrn Kaſelli,
der unter Noverre ein ſehr geſchickter Komik-
Tänzer geweſen war, zum Balletmeiſter
— unmittelbar nach Noverren für das
Wiener Publikum Ballete zu ſeßen, war
für Kaſelli, beſonders da Angiolinis — eines in der That nicht kleinen Mannes —
Schickſal ihn hätte warnen ſollen, ein ſehr
kühnes Unternehmen, auch ſtrandete er
glücklich wie ers verdienet hatte, ſein er-
ſtes Ballet, die Zurückkunft aus dem

Kriege,

Kriege, oder der gefangene Harlekin, gab er am 6. Julius, es war das klägslichste Krotesk — tragisch — ennuyantefte Zeug von der Welt, und das Publifum gähnte, schlief, und ärgerte sich darüber zur Genüge.

So vortrefflich nun übrigens diese Italienische Oper war, so that sie doch dem Nationaltheater keinen Eintrag, ja sie war seiner Aufnahme vielmehr behülflich als nachtheilig — es ist in Wien von jeher das Schicksal der welschen Opern gewesen nur von der kleinen Zahl der Musik Liebshaber, und Kenner geliebt, und besucht zu werden — und aufrichtig, so sehr wir selbst Liebhaber der italienischen Oper sind, so sind wirs doch sehr wohl zufrieden, daß in der Hauptstadt Deutschlands ein welsches Spektakel nur den hundertsten Theil so viel gilt, als ein deutsches.

Was aber das National-Theater vollends hob, war die glückliche Acquisition, die es an einer vortrefflichen neuen Schauspielerinn machte — Madam Sacco vormals

mals Dem. Richard kam von der Kurzischen Gesellschaft aus Warschau hieher;
sie kündigte sich mit einer Bescheidenheit
an, die man in der Folge um so mehr
zu bewundern Ursache fand, je höher der
Werth war, den man ihr zusprechen mußte. Sie debutirte am 10ten Junius in
der Eugenie des Beaumarchais als Eugenie.

In dieser ihrer Proberolle bemächtigte
sie sich gleich des ungetheilten lauten Beyfalles aller Zuschauer. Eine glückliche Phy-
siognomie, fähig alles, was ihr der Dichter vorschreiben kann, bis auf die feinsten
Verflößungen auszudrücken, das wärmste,
und zugleich das schnellste Gefühl, eine tie-
fe Einsicht sich auch den unbedeutendsten
Zug ihrer Rolle nicht entwischen zu lassen,
die seltne Gabe mit dem Dichter, die noch
seltnere für ihn zu arbeiten, Schönheiten
in Stellen zu legen, in die er selbst keine
zu legen wußte, und Fehler, wo er deren
begieng, wegzuschaffen, eine reizende Geberde nie zur Unzeit; nie mit Affektation;

E 5   eine

eine Stimme so silbern, so entzückend als
die Stimme derjenigen seyn muß, die mit
dem Herzen, zu dem Herzen sprechen wollen, kurz alle die Gaben, die zu einer großen Schauspielerinn erforderlich sind, fand
und bewunderte das Publikum an ihr.

Man säumte nicht sich ihrer zu versichern;
sie warb engagirt mit der Freyheit jede
Rolle, die sie wählen würde, zu spielen,
und ist nun im Besiße der allgemeinen
Bewunderung; Sie ist der Liebling des
Publikums, und dies so sehr, daß es eine Art von Verbrechen wäre nur das geringste an ihr bemerken zu wollen.

Dies war der eigentliche glückliche Zeit-
punkt für die Nationalbühne; von da an
drängte sich das Publikum eben so eifrig,
und hißig in dieselbe, als es vorher gleichgültig gegen sie gewesen war, und es wird
nun so häufig besucht, daß die Kaße ver-
hältnißmäßig unter keinem der vorigen Unternehmer so hoch stand, als ißt.

Noch etwas ereignete sich fast zu gleicher
Zeit, das für die Nationalbühne sehr vor-
theil-

heilhaft war, daß dem Publikum über ih= ren Werth die Augen vollends öffnete, und es überzeigte, daß es vergebens irgendwo an= ders die Unterhaltung suche, die man ihm da anbietet — Herr Johann Kristian Wäser Principal einer (*) königl. Preu= sischen privilegirten Schauspieler Gesell= schaft hatte durch die öffentliche Blätter die Anerbietungen, die der Hof den Gesell= schaften mit dem Kärnterthortheater gemacht hatte, vernommen, er kam allein aus Bres= lau hieher, um die nöthigen Erkundigungen einzuholen, und zu seinem Unglücke gera= de zu der Zeit als noch Böhm und Noverre das Theater besaßen; jeder, der ihn, und seine Truppe kannte, und sein Feind nicht war, oder nicht werden wollte, mis= rieth ihm sich hieher zu wagen; der Hof

war

(*)Es giebt in Preußen 2 privilegirte Trup= pen; die Döbbellinische hat das erste, und die Wäserische das zweyte Privile= gium.

war so gar für ihn so gnädig, ihm eine
ansehnliche Entschädigung zu seiner Zurück-
reise anbieten zu lassen, wenn er sich be-
gnügen wollte, Wien gesehen zu haben,
ohne uns seine Truppe sehen zu lassen; aber
vergebens, er sah die mittelmäßige Böhmische Trouppe, sah welch ein gedrängtes
Haus voll Zuschauer sie täglich zu amüsi-
ren hatte, vergaß, daß nicht die Böhmischen
Opereten, sondern die Noverrischen Ballete dieses Gedränge an sich zogen, traute
seiner Gesellschaft zu, daß sie der Böhmischen überlegen sey, wie er sich denn dies
öffentlich verlauten lies, weissagte sich im
Geiste schon ein eben so gedrängtes Audito-
rium, uud brachte seine Truppe, die gegen 40. Personen stark war, hieher (*)

Sie

(*) Ich vermuthe wenigstens, daß sich Wäser durch ein ähnliches falsches Raisonne-
ment habe blenden lassen; denn es ist
unbegreiflich, wie er sich sonst die Unbe-
sonnen,

Sie eröffnete die Bühne am 20. Junius mit Robert, und Kalliste, einer Uebersetzung der sposa fedele in 3 Akten von Eschenburg.   Musik von Guiglielmi.

Sie

sonnenheit — das ist der gelindeste Name, den man der Sache geben kann — hätte beygehn lassen können, mit einer Truppe von 40. Personen, einen Weg von Breßlau bis Wien (noch dazu in den Sommermonaten) auf Gerathewohl anzutreten, und sich davon einen glücklichen Ausgang zu versprechen — In der Vermuthung, daß er blos der böhmischen Oper den zahlreichen Zuspruch, von dem er Zeuge gewesen war, zugeschrieben hatte, bestärkt mich noch überdies, daß er, der blosse Opern ohne Ballete gab, die Preise der Plätze doch so hoch ansetzte als Noverre, der nebst einer Oper auch täglich zwey grosse pantomimische Ballete gegeben hatte.

Sie kam die erſten zwey Vorſtellungen noch
glücklich weg, das Haus war ziemlich voll,
und die fünf Rollen der Oper waren mit
Wäſers ganzen Reichthume beſetzt.

Aber ihr Schimmer blendete nicht lange,
ſchon bey der dritten Vorſtellung erloſch er
ganz, und auf immer. Der 23. Junius
war dieſer für ſie merkwürdige Tag, ſie
gab den Deſerteur vom Sedain. Muſik
von Montſigny. Da hier mehr Rollen zu
beſetzen waren, ſo ſah man auch mehr Leu-
te-von Wäſers Korps, und was für Leute! Geheul, und Gehöne ſtatt Geſang,
und ihr Spiel — Wäſer hatte ſogar daran
geirrt, daß er glaubte ſeine Truppe ſey der
Böhmiſchen überlegen.

Auſſer 5 bis 6 Perſonen war unter dem
ganzen Troße kein einziges nur halb erträg-
liches Menſchengeſchöpf — und unter dieſen konnten nur Herr Schmelz, und Herr,
und Madam Heniſch als ſchon brauchbare
Schauſpieler, ſie auch als eine ſehr ange-
nehme Sängerin in Betrachtung kommen

— Herr

— Herr Henisch spielt gute komische Rollen, nur hat er sich manchmal zu wenig in seiner Gewalt — Madam spielt mit viel Kunst und Gefühl, nur manchmal auch mit Affektation — Herr Schmelz kennt seine Odoardos, seine Tellheims, aber er vernachläßigt ganz den körperlichen Anstand — Herr Spengler singt einen vortreflichen Tenor, aber ist als Schauspieler so kalt wie Eis, ein Mann, der den Prinzen in der Emilia Galotti wie den Kristel in der Jagd, und beyde, wie den Azor in der Marmontellschen Oper gespielt hat — die ältere Dem. Bittner singt ganz entsetzlich, aber würde bey einer bessern Gesellschaft eine recht gute Franziska werden — Herr Brükel singt eben so schlecht, aber ich begegnete ihn manchmal über einer Stelle, die er sehr glücklich recitirte, er würde brauchbar werden, wenn ihm jemand den körperlichen Anstand, die Bewegung der Arme, und der Füsse u. s. f. beybringen wollte — die kleine Dem. Reggeln gäbe gute Hofnung,

nung, wenn sie unter andern Händen wäre,
ist kann sie nur noch hönen statt singen,
und grimassiren statt spielen — das sind sie
nun alle; die übrigen Hrn. Pippo, Reggeln, Brenner, Bauch, Berger, Stirle, Wolland, Mad. Pippo, Tylly, Dem.
Gleichsner ꝛc. ꝛc. ꝛc. lauter Namen dunkel
wie die Nacht, lauter Leute elend wie die
Reibhande, und die Reibhandinnen.

Vom Deserteur an herrschte Einsamkeit
und Oede in Wäsers Schauspielhause, es
waren oft auf allen Plätzen zusammen
nicht zwanzig Zuschauer. Er versprach sich
von Schauspielen ein besser Glück als von
der Operette, und hatte am 7ten Julius
die — Unsinnigkeit muß mans nennen — den
Klavigo zu geben, ein Stück, dessen Rollen jede einen Eckhof fordert, er selbst trat
zum erstenmal als Beaumarchais auf. Ich
sah in meinem Leben kein schnackischer Ding
als diesen Klavigo; Die Zuschauer konnten
vor Lachen nicht zu sich, und die Schauspieler,
besonders Wäser als Beaumarchais, und Reggeln

geln als Buenko, vor Getöse nicht zu
Worten kommen.

Madam Wäser kam erst einige Wo=
chen nach der Truppe an, und mit ihr Herr
Schmelz, den Wäser aus Leipzig verschrie=
ben hatte. Sie traten beyde zugleich am
11ten Julius in der Emilia Galotti, er
als Odoardo, sie als Gräfin Ursina auf.
Ihr Kopfputz, und ihre Kleidung war wie
einer Marionettenprinzessin, den 7ten Auf=
tritt des 4ten Aufzuges spielte sie nicht ganz
ohne Beyfall; Herr Schmelz sprach
zu leise, und hat im Affekt eine sehr wid=
rige Stimme, dieß, und gewisse unedle
Gesten, waren Ursache, daß man ihm nicht
Gerechtigkeit wiederfahren ließ; denn wenn
er den Odoardo auch nicht meisterhaft spiel=
te, so spielte er ihn doch auch nicht so schlecht,
daß er das verdient hätte, was ihm wirk=
lich geschah, ausgelacht zu werden.

Wäser hatte auch ein kleines Ballet von
12 oder 16 Tänzern mitgebracht; die Sprin=
ger, Herr Vigano, Stirle, und Gru=
man oder Gutman gefielen ein oder zwey=

F   mal,

mal, aber sie hatten ihre Künste bald er-
schöpft, und das Publikum war ihrer eben
so bald müde.

Wäser hatte nun alles versucht, er hatte die
Preise herabgesetzt, er hatte sich an Lust und
Trauerspiele gewagt, aber sein Haus blieb immer leer, und seine Gagen und Ausgaben liefen
fort, er sah nun das schädliche des Schrit-
tes ein, den er gethan hatte, und bereute
ihn — zu spät.

Kurz er ward erst durch einen sehr em-
pfindlichen Verlust von mehr als 4000.
Thalern klug, beschloß seine Vorstellungen
am 27ten Julius mit dem Aerndtekranz,
und ließ seine Truppe nach Neiß abgehen.

Sie gab

Aerndtekranz von Weise. Musik von Siller.	3mal.
Deseurteur von Sedain. Musik von Montsigny.	1 —
Dorfdeputirte a. d. J. Musik von Wolf.	2 —
Edelknabe von Engel	1 —
Emilia Galotti von Lessing.	1 —

Gut-

Gutherzige Murrkopf von Goldoni. 1mal.

Jagd von Weise.   Musik von Hiller.   1 —

Julie und Belmont von Sturz.   1 —

Klavigo von Göthe.   1 —

Minna Barnhelm von Lessing.   1 —

Muse von Schiebler.   Musik von
Hiller.   1 —

Parodie von C. H. Schmid.   1 —

Pilgrime nach Mekka a. d. F. Musik
von Gluck   1 —

Robert und Kalliste a d. J. Musik
von Guiglielmi.   4 —

Schnupftuch von C. F. Henisch.
Musik von Bichler.   2 —

Sklavenhändler aus Smirna (*)
a. d. F. Musik von Holly.   1 —

Teufel ist los von Weise,   Musik
von Hiller.   1 —

Zama von Krauseneck.   1 —

Zemire und Azor a. d. F. Musik
von Baumgartner.   2 —

Dann einige kleine Ballete:

F 2   · Wäser

(*) Die Truppe gab ihm den Titel: Wohlthaten gewinnen die Herzen.

Wäſer ſelbſt ward krank, er mußte noch einige Zeit nach der Abreiſe ſeiner Truppe hier bleiben. Seine Maj. der Kaiſer mach-ten ihm, um ſeinen Schaden zu verringern ein Geſchenk von 200, und Seine Durch-laucht der Fürſt Kauniß von 100 Dukaten, durch eine Privat-Sammlung wurden noch 200 für ihn zuſammgebracht, daß er alſo ſehr unzufrieden mit dem Geſchmacke der Wiener, aber — wenn er erkenntlich iſt, — ſehr zufrieden mit ihrer Grosmuth von hier abreiſen konnte.

Das Nationaltheater ſah ſich ißt eine geraume Zeit mit der welſchen Oper alleine, und fuhr glücklich fort ſich in dem Geſchma-cke, und der Zuneigung des Publikums feſt-zuſeßen.

Der Eckel, den das Publikum wider die Kaßeliſchen Ballete gefaßt hatte, veranlaß-te die Unternehmer der welſchen Oper Herrn Kaßelli auf bloſſe kleine Divertiſſe-ments einzuſchränken, und ein Tänzer, Herr Aſſelin nahm es über ſich einige von No-verrs Balleten wieder herzuſtellen — der erſte,

ſte, den er am 14ten Julius gab, war
das beliebte Ballet: Weiß und Roſenfarb;
ungeachtet die Tänzergeſellſchaft gegen jene
mit welcher Noverre dieſes Ballet gegeben
hatte, um viele, und gerade die beſten Per=
ſonen Hr. und Mad. Simone, Herrn Gallet,
Dem. Dupree ꝛc. vermindert worden war,
folglich viele der ſchönſten Figuren, und
Tänze weggelaſſen werden mußten, ſo nahm
das Publikum doch die Bemühungen des
Herrn Aſſelins, und das Ballet ſelbſt ent=
ſcheidend gütig auf.

Auch machte die Unternehmung am 29.
Julius einen Verſuch mit einer ernſthaften
Oper, genannt: d'Aliſo e d'Elmita, Text von
Gamera k. k. Theatraldichter, Muſik von
Herrn Salieri in wirklichen Dienſten Sr.
Majeſtät des Kaiſers. Die Oper war
mit Tanzchören von Herrn Kaßelli verbun=
den, die durchaus nicht gefallen wollten.

Herr Sacco, der Gemahl unſrer vor=
treflichen Schauſpielerinn kam hier an, er
hatte ſich auswärts als Balletmeiſter im
komiſchen Fache einen Namen erworben,

F 3   die

die Unternehmung der wälschen Oper nahm
daher keinen Anstand ihn zum Balletmeister
zu engagiren; er gab am 8ten September
sein erstes Ballet: Die grönländische Ver=
mählung, oder die zur rechter Zeit entdeck=
te Verrätherey, und war seit Noverre der
erste Balletmeister, dem es gelang, sich all=
gemeinen Beyfall zu erwerben; das Pu=
blikum gab ihm die unzweydeutigsten Zei=
chen seiner Zufriedenheit, in welcher sich
Sacco durch seine nachfolgenden Ballete glück=
lich zu erhalteu wußte.

Itzt bewies es Deutschlands erhabner
Monarch öffentlich, daß neben den wichti=
gen Herrschersorgen für das Wohl und die
Sicherheit seiner Völker auch noch die lieb=
reiche Fürsorge für ihr Vergnügen seine
große Seele beschäftige — Herr Müller
mußte auf Allerhöchsten Befehl in der Helf=
te des Septembers abreisen, um in den be=
nachbarten Provinzen Deutschlandes Subjek=
te für das Nationaltheater zu engagiren;
so wie dieser Auftrag das vortheilhafteste
Licht auf die Verdienste des Herrn Mül=

lers

lers warf, so versprach sich auch jederman
von der bekannten Einsicht dieses geschick-
ten Schauspielers, daß er sich des auf ihn
gesetzten gnädigsten Vertrauens durch eine
glückliche Vollziehung dieses Auftrages würdig machen werde.

Indes meldete sich abermals eine Gesellschaft um die Schaubühne beym Kärtner-
thore, dies war der Unternehmer des neu-
en Preßburger Theaters; seine Truppe hatte einige Zeit in Neustadt gespielt, und
bey seiner Durchreiße nach Preßburg wollte er die Gelegenheit nützen, die sich ihm,
da das Theater eben leer stand, anbot —
denn von einer Gaukler und Seiltänzer-
truppe, die Affen auf dem gespannten sowohl, als auf dem Schwungseile tanzen
ließ, und eine geschickte Aequilibristin auf-
zuweisen hatte, will ich, da sie nur zwey Vorstellungen gab, keine Erwähnung thun —
Der Unternehmer kündigte am 2ten Oktober seine Truppe mit aller Bescheidenheit
an, die nöthig war, um in der Folge
auf die Nachsicht des Publikums einen ge-
F 4 grün-

gründeten Anſpruch machen zu können. Sie
ſollte erſt am 5ten dann am 14ten ſpielen,
aber Hinderniße von Seite der Verbindungen in denen er mit dem Neuſtädter Adel
ſtand, hauptſächlich aber die Schüchtern-
heit einiger der Mitglieder ſeiner Truppe,
die durch nachtheilige Gerüchte ſo ſcheu gemacht waren, daß ſie hier durchaus nicht
auftreten wollten, ſo daß er ſie abdanken,
und ihre Stellen mit neuen erſetzen mußte,
waren Urſache, daß ſie erſt am 21ten Oktober ihre Vorſtellungen anfangen konnte.

Sie debütirte mit der Dido einem Trau-
erſpiel in fünf Akten von Weidman, und
der Wilhelmine einem Luſtſpiele in einem
Akte von Wetzl — Madam Amor (*)
die erſte Schauſpielerinn der Truppe war
auf die Vorſtellung des Trauerſpieles be-
ſtanden, weil ſie die Dido für ihre Force-
rolle hielt, auch gelang es ihr mit einer
schein-

(*) War vormals als Madam Nauman
beym hieſigen Theater.

scheinbaren aber meist unrichtigen Reci-
tation, und mit überladenen Geberden-
spiele den großen Haufen zu blenden,
sie hat eine imponirende Figur, eine starke,
und dauernde Brust, und ihre beynahe
männliche Stimme kömmt ihr in den Rollen
der Heldinen gut zu statten. Unerträglich
war sie selbst denen, die ihr als Dido den
meisten Weyrauch gestreuet hatten, den 27ten
Oktober als Lenore in einer elenden lang-
weiligen Universitäts Farce gleiches Namens von Schummel. Mehr Beyfall als
in der Dido hätte sie den 30ten 31ten
Oktober, und 6ten November als Frau
von Rauhherz in den Müttern von Weidmann — einer noch weit mehr verfehl-
ter Nachahmung der Trenzischen Adelphoi
als es die Brüder des Romanus sind —
verdient.

Herr Seibt (*) war als Gesandter in

F 5　　　　der

(*) Dem Vernehmen nach der Verfaßer eines elenden Dinges, daß sich Theater-
wochenblatt von Salzburg nennet.

der Dido gar nicht anzusehen, desto besser
gefiel er als Schulmeister in der Wilhelmine, als Herr von Spätklug in den Müttern,
und überhaupt in den komischen Alten, in
denen er hier auftrat.

In den Müttern erschienen zugleich zwey
neue Schauspielerinnen, eine als Lottchen,
die andere als Josepha. Wenn sich aus
einer einzigen Rolle urtheilen ließe, so könnte man sagen, daß die erste sehr viel Hoff-
nung zu naiven Rollen giebt, und der letztern für die Soubretten nur etwas mehr
Lebhaftigkeit, und Flüchtigkeit der Zunge
zu wünschen wäre — diese letztre spielte
auch am 4ten November die Adelheit von
Ponthieu in einem Trauerspiele das Hr.
Seibt aus dem Noverrischen Ballete, und
einer französischen Oper zusammengeflickt hatte
— „Laß dir drüber kein graues Haar
„ wachsen — Dein Verstandskasten ist
„ zerbrochen „ u. s. f. das ist im Vor-
beygehen der Ton aus dem Herr Seibt
seine Helden sprechen läßt — sie spielte
sage ich, die Adelheit, aber wahrlich so
schlecht,

schlecht, als sie nur immer gespielt werden konnte, so wie überhaupt die Vorstellung dieses Trauerspieles der Pendant zu dem Wäserischen Klavigo (*) genannt werden kann.

Ein junger Mensch Namens Dunst spiel-te junge Helden, und erste Liebhaber — es scheint, daß er nicht ohne alle Anlage sey, aber er wird sich sicher verderben, wenn er, wie er thut, fortfährt, andre Schauspieler zu kopiren, so gar bis auf die Stimme borgt er alles von unserm Lange(**) aber es geräth ihm, wie man leicht den-ken

(*) S. Seite 80.

(**) Bey der Scherzerischen Truppe (*) spielte er kleine Rollen, und während dieser Zeit hatte er Gelegenheit unsern Lange zu sehen. Der Unternehmer des Presburger Theaters, der eben in Ver-legenheit war, engagirte ihn sogleich zu er-sten Rollen.

(*) S. Vorstadtsspektakeln N. X.

ken kann, alles nur links, nur halb; der
größte Uebelstand dabey ist noch, daß er
sich manchmal vergißt, und hie und da
seine eigne kleine Person durchschimmern
läßt, welche denn mit der, die er kopiren
will, einen sehr auffallenden unangeneh=
men Kontrast macht.

Sonst verdient von der ganzen Trup=
pe, die aus 20. Personen bestand, niemand
genannt zu werden, ihr hiesiger Aufent=
halt war, weil man sie in Presburg er=
wartete nur sehr kurz.   Sie gab.

Adelheit von Ponthieu	1mal
Dido von Weidmann	2 —
Leonore von Schummel	1 —
Mütter von Weidmann.	3 —
Wilhelmine von Wetzel.	2 —
Wohlthätige Unbekannte (der) von Wagner.	1 —

Schon vor der Ankunft der Presburger
Truppe hatte Herr Sammon (*) der Di=
rek=

(*) Eben der, der im Jahre 1775. mit
einer Operntruppe hier war.

refteur einer franzöſiſchen Schauſpieler, und
Sängergeſellſchaft die Erlaubniß im Kärntnerthortheater zu ſpielen angeſucht, und
auch erhalten, man erwartete ihn daher
nach der Abreiſe jener, aber Zammon,
der nicht auf gerathewohl ſpielen wollte,
verlangte zu ſeiner Sicherheit Subſkription,
dieſe — Dank ſey es dem Genius, der nun
über unſer deutſches Vaterland in dem ſich
ſo was vor zehn Jahren gewis nicht ereig-
net hätte, wacht — kam nicht zu Stande,
und Zammon gieng von hier dem Vernehmen nach auf Warſchau.

Beym Nationaltheater wurden Zerr, und
Madam Ungerin wieder entlaſſen — Herr
Müller kam noch vor Ende des Jahrs
nicht zurück, aber er wird täglich erwartet,
und dem Vernehmen nach ſoll er niemand
als Herrn Brockmann von der Schröderi-
ſchen Geſellſchaft zu Hamburg engagirt haben.

Bey der Unternehmung der welſchen Oper
reſignirte Zerr Sacco, weil es ihm zu Ausführung ſeiner Ballete an Tänzern, und

ſogar

sogar an Theatralerfordernißen mangelte; das Tänzerchor selbst schmolß immer mehr zusammen, und ißt vertritt ein Tänzer Herr Link die Balletmeistersstelle.

Die tägliche Vorstellungen der Natinal- Schaubühne folgen in einem eignen Abschnit- te (*). Die Entreprise der italiänischen Oper gab vom 28. May bis leßten Decem- ber. Opern.

d'Alifo ê d'Elmita Text von
   Gamera, Musik von Salieri,
   Tänze von Kaffelli.   5mal.
L'Amore artigiano. Musik von
   Gaßmann.   14 —
L'Avaro. Musik von Anfoffi.   17 —
La Conteffina. Musik von Gaß-
   mann.   8 —
La Donna istabile. Musik von
   Borghi.   2 —
Le due Conteffe. Musik von
   Paisiello.   8 —

                La

(*) N. IX,

La Frascatana. Muſik von Pai-
ſtello. 16 —

Il Geloſo in Cimento. 10 —

Marcheſe vilano. Muſik von
Galuppi. 24 —

Le Nozze deluſe. Muſik von
Tozzi. 3 —

Ballete:

Von Hrn. Sacco. Grönländiſche Ver-
mählung. 13 —

Pan, und Syrinx. 6 —

Sylvain. 6 —

Weibliche Deſer-
teur. 4 —

Divertiſſements.

Von Hrn. Raßelli. Zurückkunſt aus
dem Kriege. 4 —

Divertiſſements.

Noverriſche v. Hrn. Aſſelin. wieder
hergeſtellt. Me-
dea und Jaſon. 7 —

Weiß und Ro-
ſenfarb. 18 —

Von

Von Hrn Link einige Divertiſſements.

Demoiſelle Schindlerin, die im vergang-
nen Jahre nach einem zweyjährigen Aufent-
halte in London Beweiſe von der großmü-
thigen Aufmunterung, die Talente aller
Arten daſelbſt finden, und den Ruhm einer
der erſten Sängerinnen Europens mit in
ihr deutſches Vaterland zurückbrachte, ent-
ſchloß ſich ihre Vaterſtadt Wien auch die
ſeltnen Vortreflichkeiten genießen zu laſſen,
die ſie meiſt in ihr zur Reiſe gebracht hatte;
ſie ſammelte eine kleine Geſellſchaft zu einer
ernſthaften Oper, die nebſt ihr ſelbſt aus
ihrer Niece, Madame Langin (der Frau
unſers beliebten Schauſpielers) die ſchon in
Italien mit Beyfall geſungen hat, dem Hrn.
Fribert, deſſen Stimme unter uns rühmlich
bekannt iſt, und einen Hrn. Ruprecht be-
ſtand. Am 28. Chriſtmondes gaben ſie
im Kärntnerthortheater ihre erſte Vorſtellung mit Pyramus und Tisbe in 2. Akten,
Text von Coltellini, Muſik von Rauzzini
Profeſſor in London.

Dem.

Dem. Schindlerin spielte den Piramus, Madam Lang die Tisbe. Der Beyfall, den die Oper erhielt, war allgemein, und besonders wurden des Gesanges sowohl als des Spieles wegen beyde Frauenzimmer bewundert; An den Herren gefielen die Stimmen, aber man merkte ihrem Spiele den Mangel von Theaterroutine sehr deutlich ab. Wie es heißt, sollen durch diesen Carneval ungefähr 12. Vorstellungen von Piramus und Tisbe gegeben werden.

G.   VI.

IV.

Raisonirendes Verzeichniß der im Jahre 1776. aufgeführten neuen Stücke und Ueberſetzungen.

Dieſer Artikel iſt nichts weiter, als ein Regiſter der aufgeführten neuen Stücke nach chronologiſcher Ordnung, den man dadurch unterhaltender zu machen geſucht hat, daß man ſtatt einem bloßen trocknen Verzeichniſſe von Titeln, auch zugleich jedem Stücke ein kleines Urtheil über ſeinen Werth beygefügt hat. Die Urtheile ſelbſt ſind nichts weniger als die Stimme des Herausgebers, ſie ſind die Stimme des Publikums: vielleicht hätten viele ganz anders ausfallen müſſen, wenn er als Kunſtrichter von der Sache hätte ſprechen wollen, aber er hatte verſchiedne ganz gute Urſachen dies nicht zu thun, ſo wie er auch hoffet, daß der philoſophiſche Beobachter ihm dies Verfahren um ſo mehr Dank wiſſen wird, weil es ihm immer lieber ſeyn muß zu erfahren, wie ein großer Theil der Nation denkt, und fühlt,

als

als wie ein einzelnes oft kurzsichtiges, oft
eigensinniges Individuum derselben zu denken oder zu fühlen träumt. Sonst glaubt
er sich über die Kürze der Urtheile kaum
entschuldigen zu dürfen; weder der Raum
noch die Absicht dieser Blätter hätten dramaturgische Diskussionen, und schlafbringende
Abhandlungen verstattet.

Da man sich eben so wenig in ein Detail
über das Spiel der Schauspieler einlassen
konnte, so hat man sich begnügt nur überhaupt die Besetzung der Rollen anzumerken:

*   *
*

Den 6. Jenner. Der Zerstreute, von
Regnard in fünf Aufzügen. Dieses Stück,
das schon im Originale nicht viel zu bedeu-
ten hat, ward uns, nachdem es bereits zwey
oder drey deutsche Uebersetzungen davon
giebt, unter dem Titel einer freyen Nachahmung nochmals aufgedrungen. Eine
Nachahmung ists wohl eben nicht, und eine freye Nachahmung noch weniger, denn
es ist nicht nur von Scene zu Scene, son-

dern fogar von Wort zu Wort der lautere
Regnard, höchſtens könnte- es eine freye
Ueberſetzung heiſſen, und alsdenn lauft die
ganze Freyheit, die ſich der Ueberſetzer mit
ſeinem Originale nahm auf ungefähr ein
Duzent ungeſchmacke Thorheiten hinaus,
die Grefnich (der deutſche Zerſtreute) vor
Leandern (dem franzöſiſchen) voraus hat.
Das Publikum nahm ihn ſo auf, wie nach
Leſſings Anmerkuug, das Pariſer Publikum
vier und dreyßig Jahre nach ſeiner erſten
Erſcheinung das Regnardiſche Original auf=
nahm, als eine Farce, die zu lachen machen
ſoll, und war wie jenes dankbar und lachte.

Grefnich. Herr Bergopzoomer, Baronin
Lindenau. Madam Weidnerin. Julie Dem.
Jaquet die jüngere. Henriette. Dem. Jaquet
die ältere. Chevalier. Herr Weidman.
Forchheim. Herr Heidrich. Johann. Herr
Müller. Liſette. Madam Brockman.

Den 20. Jenner Die gute Frau, oder
das Mißverſtändniß in fünf Aufzügen aus
dem engliſchen des Kenricks; die Ueber=
ſetzung iſt von Herrn Steigenteſch. Bey
der

der Menge von Neuigkeiten, womit die
Geſellſchaft das Publikum zu vergnügen
ſich beſtrebt, und bey dem Mangel an Ori-
ginalſtücken, die für uns brauchbar wären,
iſt ſie gezwungen ſich ſehr oft mit Ueberſetzungen zu behelfen; nur iſt alsdenn der Wunſch
nicht überflüßig, daß die Ueberſetzer ſich Originale wählen möchten, die der Ueberſetzung
werth ſind, und bey denen ihnen nicht bereits ein andrer zuvorgekommen iſt. Steigenteſch hat dieſen Wunſch erfüllt. Die
gute Frau war werth unter uns bekannt zu
werden, und war noch nicht unter uns bekannt, wenigſtens wüßte ich mich keiner
Ueberſetzung davon zu errinnern. Indeß
nahm es unſer Publikum ganz gleichgültig
auf; wenn man uns um die Urſache davon
befragte, ſo hätten wir vielleicht ein paar
ganz gute im Vorrathe — die eine mag
wohl die bekannte Verſchiedenheit des engliſchen, und deutſchen Geſchmackes ſeyn, der
ſich mit den mancherley Intriguen, oder jener Reichhaltigkeit, die die Engländer an
dramatiſchen Stoffen lieben, nicht vertra-

G 3   gen

gen kann; der Plan der guten Frau ist
recht nach der englischen Manier zugeschnit-
ten, es giebt da fünf bis sechs Intriguen,
die den in seinen Vergnügungen gerne be-
quemen Deutschen ermüden — die andre
Ursache könnte vielleicht seyn, daß die meisten
Schönheiten der guten Frau von jener Gattung sind, die sich besser im Lesen, als im
Sehen ausnehmen.

Belville. Herr Steigentesch. Lady Belville. Madam Stephanie. Leeson. Herr
Jauz. General Savage. Herr Stephanie
der jüngere. Kapitain Savage. Herr Lange. Miß Walsingham. Dem. Jaquet ältere. Lady Rachel Mildew. Madam Weidnerin. Torrington. Herr Bergopzoomer.
Miß Leeson. Dem. Jaquet die jüngere.
Madam Tempeste. Madam Brockman.
Konolly. Herr Müller. Pruce. Herr Weids-
man.

Den 3. Hornung. Peter Zapfel, oder
die Schatzgräber, ein Lustspiel in fünf Aufzügen von Stephanie dem jüngern. Außer
dem Titel hat das Stück gar nichts wun-
derbares

derbares; denn daß in der Haftigkeit, mit
welcher der Verfaſſer befanntermaſſen ſeiner
Geburten entledigt wird, ſo was wie Pe=
ter Zapfel herauskömmt, ſo ein Ding mit
verzeichneten, oder beſſer gar nicht gezeichne=
ten Charakteren, mit verworrnen kläglichen
Plan, mit läppiſchen Einfällen, mit holp=
richten, oder wäſſerigten Dialog u. ſ. f.
das wird doch niemand Wunder neh=
men — der Deſtouchiſche Mann mit den
dreyUrſachen ſpielt hier die Rolle einesSchul=
meiſters, aber ſogar er konnte dem Stück
keinen beſſern Beyfall verſchaffen, als es
verdiente, das heißt — keinen.

Dampf. Herr Heidrich.. Alte Zapfel.
Herr Jaquet. Griffel. Herr Müller.
Junger Zapfel. Herr Weidman. Stunz
Herr Jauz. Mordel. Herr Bergopzoomer.
Wittichin. Madam Stephanie. Wittich
Herr Steigenteſch. Kätchen. Dem. Ja=
quet die ältere. Michel. Herr Gottlieb.
Görge. Herr Weiner. Bediente. Herr
Preinfalk und Kopfmüller.

Den

Den 17. Hornung. Kunſt auf Koſten
der Leute zu leben, ein Luſtſpiel in 5.
Aufzügen. Ein dramatiſcher Dichter, der
ſich ſchon ſo lange ruhig gehalten hatte, daß
man beynahe von ihm vermuthete, er habe

Nil mihi vobiſcum, nec erunt mihi car-
      mina curæ,
  Nil mihi cum calamis cum citharaque
mihi

mit einer unwandelbaren Standhaftigkeit
zu den Gottheiten des Parnaſſes geſagt, iſt
der Verfaſſer dieſes Stücks, das wegen des
Lokalen in Sitten und Charakteren von
dem Publiko ſehr günſtig aufgenommen
ward.

Herr von Langenau. Herr Steigenteſch.
Frau von Langenau. Madam Weidnerin.
Langenau Vater. Herr Stephanie der älz
tere. Cecilie. Dem. Teutſcherin. Rum=
berg. Herr Lang. Tarta. Herr Bergop=
zoomer. Pappendorf. Herr Weidman.
Martin. Herr Gottlieb. Frau Thereſe.
                       Mad.

Madam Stephanie. Frau Lene. Madam
Brockman. Frau Baberl. Madam Gott=
lieb. Fridrich. Der kleine Jaquet.
Treffel. Herr Müller. Sophie. Dem.
Jaquet die ältere. Corona. Dem. Ja=
quet die jüngere. Johann. Herr Weiner.
Den 8. April. Die Schwiegermutter.
ein Lustspiel in 5. Aufzügen. Ein jäm=
merlich mißlungner Versuch, weit unter dem
Schneider und sein Sohn, von eben
dem Verfasser. Nie noch herrschte die Lan=
geweile so unumschränkt, als während
diesem Stücke; von höhern dramatischen
Erfordernissen nichts zu gedenken, so stößt
man in den langen 5. Aufzügen auch auf
keinen einzelnen Einfall, der die Lippen zu
einen gefälligen Lächeln öffnen könnte —
valeat res ludicra. —

Der Baron. Herr Jaquet. Die Baro=
nin. Madam Weidnerin, Louise. Dem.
Jaquet ältere. Der Oberste. Herr Ste=
phanie jüngere. Lindenreich Vater. Herr
Bergopzoomer. Lindenreich Sohn. Herr
Lange. Rittersheim. Herr Müller. Ba=

ronin

ronin von Löwenthal. Madam Stephanie.
Advokat. Herr Heydrich. Fritze Herr
Weidman. Julchen. Dem. Defrain

Den 20. April. Olivie ein Trauerspiel
in fünf Aufzügen von Brandes. Dieses
Stück gehört nur hieher, weil es hier noch
niemals gespielt worden ist, sonst ist über
die Fehler, und die Vorzüge desselben
schon sehr viel gesagt worden; Barbonia ist
ein ungeheuer Weib, und Riccaldo kein bes=
serer Mann, aber dem Leontio möcht ich
schwerlich, wie es irgendwo geschehen ist,
vorwerfen, daß er Barbonias Verläumdun=
gen und Kunstgriffe zu leichtgläubig an=
nimmt, die Liebe ist in diesen Punkte sehr
voreilig, und delikat. Marchese Antonio,
und Bianca sind für den Zuschauer manch=
mal ein paar sehr beschwerliche Geschöpfe
— im ganzen genommen, gefiel dies Stück.

Olivie. Dem. Teutscherin. Leontio.
Herr Lang. Marchese Antonio. Herr
Stephanie der ältere. Riccaldo. Herr
Steigentesch. Barbonia. Mad. Stepha=
nie. Paulina. Mad. Brockman. Bi=

. anca

anca. Mad. Unger. Laura. Dem. Jaquet die jüngere. Franzesko. Herr Jauz.
Kamillo. Herr Preinfalk.

Den 4ten May. Der Barbier von Sevilien, oder die unnützen Vorsichten, ein
Lustspiel in 4 Aufzügen aus dem französischen des Beaumarchais. Der Barbier,
der die Ehre hat diesem Stüke seinen Namen zu geben, ist kein so beschwerlicher
Schwäßer, als jener beruffene Barbier von
Bagdad, kein solcher Lateinverderber als
Meister Rebhuhn, und noch mehr werth
als Meister Niklas, troß aller seiner Belesenheit; er ist ein verschlagner listiger Kopf,
der die Welt und sich obendrein kennen ge-
lernt hat, ein Poet, und was in Spanien
nicht fehlen kann ein Sänger, und ein Cy-
therschläger. Das Stück selbst ist so voll
wahrer Lustigkeit, so voll origineller Laune,
die Charaktere des Barbiers, Bartholos,
Basils des Professors der Verläumdung,
so gut gefaßt, und wahr und lebhaft aus-
gedrückt, daß man die wunderliche, und
Beaumarchais Kopfs unwürdige Gähn- und

Nieß-

Nies-Scene des Vigilos und Vitulos (die, im Vorbeygehn, in den Zuschauern lange nicht die Wirkung that, die man sich vielleicht davon versprochen hatte) ganz und gar hätte entbehren können, ohne darum weniger lachen zu müssen. Figaro. Herr Müller. Rosine. Dem. Jaquet die ältere. Bartholo. Herr Bergopzoomer. Der Graf Almaviva. Herr Weidman. Basil. Herr Jauz. Vigilos. Herr Gottlieb. Vitulos. Herr Preinfalk. Der Gerichtsbediente. Herr Kopfmüller.

Den 11ten May. Die Mediceer, oder die Verschwörung, ein Trauerspiel in fünf Aufzügen von Brandes. Dieses Stück war auch nur für uns neu, gewisse Kunstrichter haben den Plan der Mediceer, jenem der Olivie vorgezogen; was man hier davon denkt, ist, daß die Charaktere in den Mediceern, so wie in der Olivie, und wie überhaupt in den Brandesischen Stücken zu sehr ans Ideale gränzen. Außer dem Charakter des Soderini wär ich Brandesen um

nichts

nichts in den Mediceern neidig. Olivie ge=
fiel beſſer als die Mediceer.

Kamilla. Mad. Weidnerin. Lorenz
von Medices. Herr Stephanie der ältere.
Ferdinand von Medices. Hr. Länge. So=
derini. Herr Stephanie der jüngere. Be=
rentani. Herr Steigenteſch. Pazzi. Herr
Bergopzoomer. Voltera. Herr Jauz.
Petruzi. Herr Jaquet. Montſecci. Herr
Weiner. Bianco. Herr Weidman.

Den 23ten May. Der Franzoſe zu
Wien, ein Luſtſpiel in zwey Aufzügen aus
dem franzöſiſchen des Boiſſy. Das Stück
heißt im Original, le francois à Londre,
und ſo ſteht auch ſchon eine Ueberſetzung da=
von im zweyten Theil der Schönemanni=
ſchen Schaubühne. Aus dem Francois à
Londre läßt ſich nicht ſo leicht als man
wohl denkt ein Franzoſe zu Wien machen,
das London in Wien, fremde Namen in
innländiſche paraphraſirt heißt zwar die
Schwierigeit angegeben, aber nicht· geho=
ben — wenn ich alſo ſage, daß der Ueber=
ſetzer ungeachtet er durch ſeinen Titel ganz
was

was anders vermuthen läßt, dennoch nichts
anders gethan habe, als sein Original von
Wort zu Wort übersetzt, so wird man,
hoffe ich, nicht begierig seyn, mehr von
der Sache zu wissen. Das Publikum em-
pfieng das Stück mit Kälte.

Marquis D'Alouette. Herr Müller.
Niklas Schaaf. Herr Stephanie der jüngere. Sternheim Vater. Herr Stephanie
der ältere. Sternheim Sohn, Herr Steigentesch. Louise, Madam Stephanie.
Baron d'Alouette. Herr Lange. Lisette.
Dem. Jaquet die jüngere.

Den 5ten Junius. Der Kühehirt,
ein Lustspiel in zwey Aufzügen. Die Rolle des Kühehirten, die aber erst noch durch
den meisterhaften Ausdruck des Schauspielers viel gewinnen mußte, hat diesem Stückchen einige Aufmerksamkeit verschafft, auf
die es sonst in gar keiner Betrachtung hätte
Anspruch machen können.

Frau von Bidersfeld. Mad. Brockman.
Erast. Herr Steig ntesch. Fritz der Kühehirt. Herr Weidman. Kretchen. Dem.

Ja-

Jaquet die ältere. Martin. Herr Ber=
gopzoomer. Agnes. Mad. Gottlieb.
Schneller. Herr Gottlieb. Raupe Herr
Jaquet. Johann. Herr Weiner.

Den 29ten Junius. Die schöne Wiene=
rin, ein Lustspiel in fünf Aufzügen. Als
unpartheyischer Geschichtschreiber des Na=
tionalgeschmackes kann ich nicht anders sa=
gen, als daß dieß Stück einen ungemeinen
Beyfall erhielt; wünschen möcht ich frey=
lich, daß ich das Gegentheil davon sagen
könnte, wenn es auch nur darum wäre,
weil ich mir dieses erklären, und jenes,
ich mag das Stück wenden, wie ich will,
mir nicht erklären kann. Indeß tröste ich
mich damit, daß die Ausspüche des Pub=
likums, und die Aussprüche des Kritikers
wohl schon öfter verschieden waren, ohne
daß man deswegen Ursache gefunden hätte
von einem aus beyden schlechter zu denken;
unsern dramatischen Dichtern aber kann dieß
Stück, so wie es ist, zum Beweise dienen,
wie ersprieslich es für sie wäre sich mit un=
sern Sitten bekannter zu machen, als sie

es

es bisher gethan haben, denn wenn sich
noch irgend ein Grund angeben läßt, warum dieses — seinen Werthe nach wirklich
geringfügige — Stück, sich so glücklich
emporgeschwungen hat, so ist's das Lokale,
dessen sich der Verfasser befleissigte.

St. Omer. Herr Stephanie der ältere.
Firstern. Herr Müller. Johann. Herr
Bergopzoomer. Sporner. Herr Stepha-
nie der jüngere. Schneckenfeld. Herr
Steigentesch. Felsenherz. Herr Lang.
Frühling. Herr Weiner. Fledermaus.
Herr Gottlieb. Niklas. Herr Unger.
Ludwig. Herr Weidman. Elisabeth. Mad.
Weidner. Sophie. Dem. Jaquet die
ältere. Hannchen. Dem. Defraine. Ka-
tharina. Dem. Jaquet die jüngere.
Schönwaldin. Mad. Ungerin.

Den 13ten Julius. Die Maskerade,
in zwey Aufzügen, aus dem Destouchischen
le triple mariage von Herrn Gotter frey
übersetzt. Ein Stück, das weniger gefallen hat, als es zu gefallen verdient hätte,
aber doch muß ich sagen nicht viel weniger,

es

es hat eine ziemlich flüchtige französische
Mine, so ohne Mühe und Kosten, wie
die unverdaute Phantasie eines Malers in
einer sorglosen Viertlstunde hingeworfen,
und nicht mehr angesehen.

Herr von Orme. Herr Bergopzoomer.
Karoline. Dem. Teutscherin. Röschen.
Dem. Dornin. Ferdinand. Herr Steigen-
tesch. Wilhelmine. Mad. Gottlieb. Ju-
lie. Dem. Defraine. Dahl. Herr Wei-
ner. Melhorn. Herr Unger. Marthe.
Mad. Brockman. Heinrich. Herr Weid-
man. Johann. Herr Gottlieb. Gräfin
Lamfrom. Mad. Unger. Michel. Herr
Jaquet.

Erwin und Elmire, in zwey Aufzügen
von Herrn Göthe. Da sey Apollo vor,
daß ich mich unterwünde etwas zum Ruhm
eines Stückes zu sagen, das es so wenig
nöthig hat gelobt zu werden; unser Publikum bewunderte und beklatschte es, ungeachtet es durch die Prose, in die Herr Huber die Göthischen Arien auflößte ungemein
verloren hatte, so sehr als es bewundert

H   und

und beklatſcht zu werden verdient; nur
kann ich nicht umhin anzumerken, daß zu
Ende der Vorſtellung einer meiner Nachbarn
während er immer klatſchte und klatſchte,
mich fragte: warum kleiden ſich die Leute
ſpaniſch? „ das war gerade die Frage,
die ich an ſie thun wollte“ mußt ich ihm
antworten.

Elmire. Mad. Sacco. Erwin. Herr
Lange. Olympia. Mad. Weidnerin.
Bernardo. Herr Müller.

Den 27ten Julius. Graf von Wall=
tron, oder die Subordination ein Trauer=
ſpiel in fünf Aufzügen von Möller (*) Ein
Standrecht im ſtrengſten Koſtume mit Ma=
jor, Auditeur, Profos, Ober = Unteroffi=
zier und Gemeinen, eine militäriſche Exe=
kution mit einem Kommando von 80 Mann,
ein Hauptman, der ſich die Augen verbin=
det, und nun da kniet erſchoſſen zu werden,

drey

(*) Schauſpieler bey der Brunianiſchen Ge=
ſellſchaft zu Prag.

drey Gemeine mit gezognen Hahn, die ihn
erschiessen sollen, Soldaten, die manövri=
ren, Kreiß schliessen und brechen, ein La•
ger mit Fahnenwache und aller Zubehör,
nach verschiedenen Aussichten, kurz der gan=
ze Praß von Spektakel, den dieß Stück er=
fordert, haben es gehoben, und heben müs=
sen, aber wenn der Dichter als Dichter an
dem Beyfalle, den diese ausserwesentlichen
Zierrathen seinem Stücke verschafften, An=
spruch machen wollte, so wär er — zum
mindesten — sehr voreilig.

Der Prinz. Herr Lange. Graf von
Bembrock. Herr Stephanie der ältere.
Von Streitman. Herr Heydrich. Graf
Walltron. Herr Bergopzoomer. Graf von
Kronenburg. Herr Steigentesch. Baron
von Helfinghör. Herr Stephanie der jün=
gere. Von Wille. Herr Weidman. Von
Winter. Herr Müller. Von Lichtenau.
Herr Jauz. Von Rechtner. Herr Unger.
Von Wastworth. Herr Weiner. Feldwäbl.
Herr Jaquet. Gräfinn Walltron. Mad.
Sacco. Traiteurin. Mad. Brockman.

- Den

Den 10ten August. Walder ein Lust‍spiel in einem Aufzuge nach dem französi‍schen des Marmontel von Herrn Weise. Dieß kleine Stückchen hat Verdienste genug um das wahre Original davon, aus wel‍chem sich auch die französische Operette her‍schreibt, den Geßnerischen Erast zu ver‍drängen; völlig ist es indeß, so unbillig es in der That wäre, doch um so weniger zu befürchten, als die Rolle des Simons, die Marmontel, um der Zärtlichkeit des Pariser Parterrs zu schonen, und nach ihm Weise um vieles geschwächt, und un‍interessanter gemacht hat, troß allen Vor‍zügen, die Walder im Dialog, und in an‍dern kleinen Umständen, durch welche die Oekonomie des Stücks hie und da verbes‍sert worden, voraus haben mag, dem Geß‍nerischen Stücke das Uebergewicht giebt. Walder gefiel.

Dollman Vater. Herr Jaquet. Doll‍man Sohn. Herr Stephanie der ältere. Dollmans jüngster Sohn. Herr Steigen‍tesch. Simon. Herr Stephanie der jün‍ger.

gere. Kriſtel. Herr Weidman. Jäger.
Herr Preinfalk und Kopfmüller. Sophie.
Mad. Weidnerin. Dorchen. Dem. Ja=
quet die ältere. Hannchen. Dem. Dor=
nin.

Den 31ten Auguſt. Die Schule der
Liebhaber aus dem engliſchen des Wite=
head von Herrn Bode überſetzt. Die Schön=
heiten dieſes Stücks ſind aus der Gattung
jener beſcheidenen Schönheiten, die von
ferne betrachtet nicht blenden, aber in der
Nähe gewinnen und reizen. Indeß hätt
ich doch das Herz zu behaupten, daß der
Charakter der Madam Gerbrand ein Aus=
wuchs, und Waldheim ein eiskalter me=
taphyſiſcher Liebhaber iſt, der einem gedräng=
ten Schauplatze ſchwerlich Wärme mitthei=
len wird. Wider die Gewohnheit der eng=
liſchen Stücke ſchleicht die Handlung —
vielleicht nicht für den Leſer — aber gewis
für den Zuſchauer zu ſchläfrig fort. Unſer
Publikum ſchien ungefähr ſo von dieſem
Stücke gedacht zu haben, denn es nahm es
mit ſehr groſſer Gleichgültigkeit auf.

H 4

Frau

Frau von Gerband Madam Weidnerin
Albertine von Waldheim. Madam Sacco.
Wilhelmine. Dem. Jaquet die ältere. Herr
von Waldheim 5r. Stephanie der ältere.
Baron Minnal. Herr Steigentesch. Herr
von Kellburg. Herr Müller. Schilling
Herr Jauz.

Den 14ten September. Die junge Witt=
we ein Lustspiel in einem Aufzuge nach der
Gellertschen Erzählung (*) Abermal eine
Matrone von Ephesus, aber ein sehr un=
beträchtliches kleines Ding; bey Gellert
wirft Dorinde das hölzerne Bild ihres ge=
liebten Stephans zum Fenster hinaus, um
Brennholz draus machen zu lassen, der
Verfasser glaubte es in ein wächsernes Bild
verwandlen zu müssen, und läßt seine Witt=
we Kerzen draus giessen — ein gewisser
Herr von Hollmuth erscheint, und verschwin=
det um erschienen, und verschwunden zu seyn
— die Sprache ist schlecht, und sogar gra=
mati=

(*) Gellerts Schriften 2. Theil S. 137.
Trattnerische Auflage.

matikalisch unrichtig — im Buche ist die
Pantomime bis ins abgeschmackt kleinste
hingeschrieben — doch genug von einer
Kleinigkeit, die uns auch nur für eine Kleinigkeit gegeben ward.

Emilie. Mad. Sacco. Hollmuth 5r.
Vergopzoomer. Rohrbach. 5err Lange.
Lisette. Dem. Jaquet die jüngere.

Den 28ten September das Landmädchen, oder die listige Einfalt; aus dem
englischen des Wicherley in fünf Aufzügen.
Man mag — die Rede ist nur vom hiesigen Publikum — uns noch so viel Uebersetzungen von englischen Komödien, und
noch dazu guten englischen Komödien geben,
so scheint es doch nicht, daß die komische
Bühne der Britten das für uns werden
wird, was uns ihre tragische bereits ist.
Seit dem Westindier hat kein englisches
Lustspiel ein sonderliches Glück bey uns gemacht, man lacht hie, und da, klascht
dann und wann dem Spiele des Afte-
urs, aber es ist als ob man sich scheute
dem Stücke selbst zu klatschen. Das Land-

H 4   mäd-

mädchen ist eigentlich aus der Schmidi-
schen Ueberſetzung (*) geſrielt, aber hier
und da nach unſren Lokalbedürfniſſen abge-
ändert werden.

Miß Burton. Dem. Jaquet die älte-
re. Harcourt. Fr. Stephanie der ältere.
Muthy. Herr Bergopzoomer. Dodd. Herr
Stephanie der jüngere. Belville. Herr
Lang. Miß Strange. Mad. Stephanie
Lucie. Madam Brockman. Muthys
Diener. Herr Kopfmüller. Wilhelm. Herr
Weiner.

Den 6ten October. Der Bettelſtudent.
oder das Donnerwetter, ein Original
Luſtſpiel in 2. Aufzügen. Der Innhalt
dieſes Stücks iſt aus einer Sammlung
von Schnaken genommen, die ſechs
Bände, und den Titl Vade mecum
für luſtige Leute hat. Die Veränderungen, die der Verfaßer mit den kleinen Um-
ſtänden ſeines Stofes vornahm, ſind meiſt
nicht

(*) Engliſches Theater 6ter Theil.

nicht sehr glücklich, er hat ihn mit ein
paar überflüßigen Personen, und noch oben=
drein mit einem Donnerwetter beladen
— Das Stück ward gut aufgenommen,
aber dieß hat der Dichter wahrlich nicht sich,
sondern der vortrefflichen Execution der
Schauspieler zu verdanken.

Wilhelm Mauser. Herr Weidman. Han=
chen. Dem. Jaquet ältere. Jakob. Herr
Bergopzoomer. Tollberg. Herr Steigen=
tesch. Brandheim. Herr Lange. Marga=
reth. Madam Brockman.

Den 15ten October. Elfride. ein Trau=
erspiel in fünf Aufzügen aus dem englischen
des Mason von Herrn Bertuch. Dies
Trauerspiel hat in Deutschland schon man=
cherley Schicksale erfahren; erst erschien es
in einer Uebersetzung in Versen Gottschedi=
schen Stils, dann adaptirte es Herr Ber=
tuch aus dem englischen Originale für die
Seilerische, und leßlich Herr Huber
aus der Bertuchischen Uebersetzung für un=
sre Nationalschaubühne; aber wenigstens
lohnt dies Trauerspiel der Mühe, die so

H 5   viele

viele Hände daran verwendet haben —
Die Veränderungen, die Herr Huber damit
vornahm, sind unbeträchtlich, aus dem Bi-
schoff ist ein Graf Ardulph und die Sprache ist hie und da abgekürzt, gemildert, auch
entnervt, und gewässert u. s. f. geworden.
Elfride. Madam Sacco. Wenn dem
Herze dessen, der dies niederschreibt, nur irgend das geringste Gefühl des Schönen zu
Theile ward, so mußt er an dieser schätz-
baren Gabe des Himmels zum unwürdig-
sten Verräther werden, wenn er sich begnü-
gen könnte, diese Rolle nur platterdings
anzumerken; wie er aber zu Werke gehen
soll, um dem Theile seiner Leser der El-
friden nicht sah, nur den kleinsten Vorschmack
davon zu geben, zu welchen der Ewigkeit
würdigen Meisterstücke diese Rolle gehoben
wurde, weis er nicht; Bewunderung, und
Ausrufungen, das ist alles, was ihm seine
arme Sprache zum Lobe der unübertreffli-
chen Künstlerinn, die sie spielte, hergeben
kann. Die stummen Scenen des 3ten Aufzuges

zuges (*) ſind, was auch Diderot dagegen
ſagen mag (**) ein Wageſtück von dem
Dichter der Elfride, wo ſind die Schauſpieler, die Wärme, Empfindung, Genie genug
haben ſich ihrer würdig zu entledigen; ſo
dachte der Verfaſſer bey der bloſſen Durch-
leſung des Stücks, aber ſein unausdrückli-
ches Erſtaunen, als er dieſe Scene ſah, ſah
die Zauberin, die in dieſer Scene von nie-
manden, als ihrer Empfindung, und ihrem
großen Geiſte geleitet, Wunder wirkte, wie
ein Genius ſie wirken kann, und ſein innig-
ſter wärmſter Dank an dem Dichter, daß
er dieſe Scene gewagt, ſie nicht mit Ge-
ſchwätze verdorben hatte — davon, nur davon weiß der Schreiber des Gegenwärtigen
zu reden; Wär er Bildhauer, oder Maler
ſo wüßt er keinen ſichrern Weg zur Unſterb-
lichkeit, als Sacco in jeder auch der unbe-
trächt-

(*) Die 10. und 11.
(**) Theater 2ter Theil S. 303. der
deutſchen Ueberſetzung.

trächtlichſten Stellungen dieſer Scene zu
verewigen; Seine Bildſäulen, ſeine Ge‐
mählde würd er denn hinſtellen, und ſtolzer
als jener, der im verborgnen die Urtheile
ſeiner Zuſchauer behorchte, würde er jeden
von ihrer Betrachtung zurückweiſen, deſſen
Augen nicht beym erſten Anblicke von je‐
nem heiligen Feuer glühten, das dieſe Mei‐
ſterſtücke ſelbſt beſeelen ſollte — — — Die
bewundernswerthe Virtuoſin war von ihrer
Rolle ſo ſehr durchdrungen, und die Rolle
ſelbſt, vorzüglich aber dieſe pantomimiſche
Scene ſo angreifend, daß ſie die letzten
Worte ihrer Parthie „ geſiegt — und ih‐
nen vergeben „ nicht mehr auszuſprechen
im Stande war — ein Zufall, der für ſie
ein neuer Triumph, aber für das Publikum
eine Quelle großer Beſorgniße war.

**Edgar. Herr Stephanie der ältere.
Graf Atelwold. Herr Lang. Ardulph.
Herr Jauz. Olgar. Herr Stephanie der
jüngere. Edwin. Herr Weidman. Albi‐
na. Madam Gottlieb. Emma. Dem.
Jaquet jüngere.**

Am

Am nemlichen Tage. Was seyn soll,
schickt sich wohl, oder die Schwester, ein
Luſtſpiel in fünf Aufzügen aus dem engliſchen der Miß Lenox, von Herrn Bock
überſeßt. Das Stück wurde außer einigen
kleinen Veränderungen ſo geſpielt, wie es
der Länge, und der Breite nach im 1ſten
Bande des Hamburger Theaters ſteht. Wie
es da einen Plaß verdiente, weiß ich eben
ſo wenig, als ich weiß, warum es überſeßt
werden mußte; Die Gottſchediſche Schule
überſeßte vor Zeiten ohne Auswahl, und
Geſchmack alles, was nur franzöſiſch war,
und es ſcheint, als ob nun das nemliche
Spiel mit den Engländern getrieben werden
ſollte. Miß Lenox iſt beynahe die Adel-
gunde Louiſe Viktoria der Britten, und
dies Stück eines ihrer gelehrten Produkte,
worinn ſie es gerade am meiſten iſt, ver-
fehlte, flache, mißgeſchaffene Charaktere,
der Gang des Stücks langweilig bis zum
Schlafen, und bey aller Armuth doch Ver-
wirrung der Intrigue —

Lady

Lady Autmun. Madam Weidnerin.
Miß Autmun. Dem. Teutſcherin. Lord
Clarville. Herr Lange. Courteney. Herr
Steigenteſch. Miß Courteney. Dem. Ja=
quet ältere. Betty. Dem. Jaquet jünge=
re. Graf Bellmont. Herr Jaquet. Sim=
ple. Madam Brockman. William. Hr.
Weiner. Bedienter der Lady. Herr Kopf=
müller.

Den 23. November. Der Fuchs in der
Falle, oder die zween Freunde, ein altdeut=
ſches Original=Luſtſpiel in fünf Aufzügen.
Ob die Sitten unſerer Vorfahren um die
Zeiten, da ſie noch in Wäldern wohnten,
und um die Irmenſäule tanzten ein ſchick=
liches Sujet zu Luſtſpielen — beſonders zu
Luſtſpielen nach dem franzöſiſchen Zuſchnitte
mit einer Liebes Intrigue — abgeben kön=
nen, das iſt wohl ein Problem, worüber
ich erſt unſre dramatiſchen Lykurge ausho=
len möchte, der Verfaſſer des gegenwärti=
gen iſt breuſter zugefahren, und hat ohne
ihre Ausſprüche abzuwarten, ein Stück Ar=
beit verfertigt, aus dem man nun freylich
                                        nicht

nicht geradezu ſchlieſſen könnte, daß die gan=
ze Gattung, aber wenigſtens dieſer Verſuch
in dieſer Gattung nichts tauge — die Sucht,
ſeine Schauſpiele mit einer Menge Spektakel
aufzuſtützen iſt das unterſcheidende Kenn=
zeichen unſers Dichters, und da hatte er ſich
nu gerade einen Stoff zuſamgefnötet, in dem
er vorzüglich viel Sehenswürdigkeiten para=
diren laſſen konnte; alles im ganzen Stücke
iſt — wozu ſollte der Verfaſſer auch ſeinen
Tacitus, vielleicht wohl gar ſeinen Lohen=
ſtein geleſen haben — im ſtrengſten altdeut=
ſchen Koſtume, bis auf eine einzige Klei=
nigkeit — die Charaktere; ein Vorwurf,
der unter zehn Koſtume = Beobachtern gewiß
neunen gemacht werden kann. Sehr ſorg=
fältig war der Verfaſſer für den Theil ſei=
ner Zuſchauer, der mit den Sitten der al=
ten Deutſchen eben nicht ſo bekannt ſeyn
dürfte, als er, ihnen zu gefallen, hat er ei=
nen römiſchen Gefangnen in ſeinen Plan
eingewebt, der über jede Alfanzerey, die da
vorgeht, Mund und Augen aufſperren, und
dem einer der deutſchen Knechte immer er=
ilären

klären muß, dies und das sey bey den Deutschen so Sitte; diese Lehre geht denn auch
immer mit zum Theil ad Spectatores —
über das Mißvergnügen, und die Lan-
geweile, die dies Stück unter den Zuschauern
nicht anders als erregen konnte, wurden sie
durch die vortreflichen Simphonien, die
Herr Starzer eigends dazu verfertigt hatte,
entschädigt.

Gertrud. Madam Weidnerin. Tuber.
Herr Stephanie ältere. Adelreich. Herr
Lang. Brunildis. Dem. Deutscherin.
Curein. Herr Weidman. Siegmar. Herr
Bergopzoomer. Gundwald. Herr Stei-
gentesch. Ingram. Herr Jaquet. Hedwich.
Madam Gottliebin. Maelius. Herr Wei-
ner. Weibliches Gefolge. Dem. Jaquet
jüngere, Defraine. Deutsche Hauptleute.
Herr Jauz, Unger, Preinfalk, Kopfmül-
ler. Freymund. Der kleine Jaquet.
Boye. Der kleine Spreng. Goßwinda.
Dem Dornin. Nebst diesem Regimente
von Personen, gab es noch Barden, Volk.

Den 5ten Dezember. Der Falke ein
Lust-

Luſtſpiel in einem Aufzuge, aus der Hage-
dorniſchen Erzählung (*). Boccacio war
der erſte Erfinder dieſer Erzählung von der
es ſchwer zu ſagen iſt, ob ſie eine ſtärkre
Satyre über die unerſättliche Begehrlichkeit
der Koqueten, oder den raſenden Leichtſinn
der verliebten Narren ſeyn ſoll; La Fontai-
ne entwand ſie dem Boccacio und Hage-
dorn beyden. Auch iſt das gegenwärtige
Luſtſpiel nicht das erſte, das aus dieſer
Quelle geſchöpft ward, es giebt einen Falke von Delisle in fünf Aufzügen, und zwey
oder noch mehr kleinere franzöſiſche Luſtſpiele gleiches Namens. Der Verfaſſer des
gegenwärtigen ſcheint wohl keines gekannt
zu haben, aber ſein Stück ward darum
nicht beſſer, er ſoll dem Vernehmen nach
ein angehender Dichter, und dieſes Stück
ſein Debut ſeyn — — —

Friederich. Herr Stephanie der ältere.
Roſalie. Mad. Stephanie. Treumann.
Herr Weidman.

J   Den

(*) Theil II. S. 170. Dritte Auflage.

Den 26ten December. Montrose und
Surrey ein Trauerspiel in fünf Aufzügen
— ein sehr mittelmäſſig Ding, recht nach
dem Zuſchnitte der tragiſchen Alletagsge=
richte, die Scene in Engelland, ein Todt=
ſchlag, ein Selbſtmord und ein Blutgerich=
im Tower — der Plan ſo fein als die
grobe Intrigue eines ſchlechten Luſtſpieles,
Surrey wird von dem Spitzbuben Darem=
by auf die unwahrſcheinlichſte Art betrogen,
und das Hülfsmittel ihn durch Wilton wi=
der zurecht zu bringen iſt eben ſo plump —
der fünfte Akt könnte ganz wegbleiben,
wenn nicht Surrey noch vorerſt erwürgt
werden müßte — der abſcheuliche Darem=
by iſt, bis dahin wo er ſeine Abſcheulich=
keit ſelbſt aufdeckt, noch der einzige Cha=
rakter, der ſich ausnimmt.

Lord Suffolk. Herr Bergopzoomer.
Miß Jenny Suffolk. Mad. Sacco. Lord
Surrey. Herr Lange. Montroſe. Herr
Steigenteſch. Daremby. Herr Stepha=
nie der jüngere. Wilton. Herr Weid=
man Polly. Dem. Jaquet die jünge=
re.

re. Ein Offizier. Herr Preinfalk. Be=
dienter des Surrey. Herr Weiner.

Wir sagten es schon vorwärts (†) daß
weder der Raum noch die Absicht
dieser Blätter verstattet hätte über den
Werth der hier ganz kurz recensirten Stü=
cke dramaturgische Diskussionen zu schreiben;
das nemliche gilt auch von der Exekution
der Schauspieler, über die man sich eben
so wenig in ein Detail einlassen konnte ; zum
Glück wäre dieß letzte ohnehin überflüssig,
denn die Verdienste unsrer meisten Schau=
spieler in allen verschiednen Fächern sind so
hinlänglich bekannt, daß man ihren Na=
men nur neben einer Rolle sehen darf, und
versichert seyn kann, daß sie sich derselben
vortrefflich entledigten. Wir wollen nur
die Rollen in denen einige von ihnen beson=
ders excellirten hier anmerken.

Herr Bergopzoomer. Pazzi in den Me=
diceern. Graf Walltron im Trauerspiele

J 2   glei=

gleiches Namens. Richard. Mackbet.
General Reime in der Feuersbrunst u. s. f.

Herr Gottlieb. Reitbahn im Postzug.
Flink im Stephanischen Deserteur.
Bauern u. s. f.

Herr Jaquet. Feldwäbl im Graf
Walltron. Raupe im Kühhirt. Werner
Pinkus u. s. f.

Herr Lange. Leontio in der Olivie.
Ferdinand von Medices. Erwin. Orest.
Egyst. Graf Atelwold in der Elfride.
Hamlet. St. Albin. u. s. f.

Herr Müller. Konolly in der guten
Frau. Figaro im Barbier von Sevilien.
Marquis D'Alouette im Franzosen zu
Wien. Marinelli. Just. u. s. f.

Herr Steigentesch. Riccaldo in der O=
livie. Sternheim Sohn im Franzosen zu
Wien. Courteney im Landmädchen.
Belcour im Westindier. Aesop. u. s. f.

Herr Stephanie der ältere. Lorenz von
Medices. Graf von Bembrock im Graf
Walltron. Edgar in der Elfride. D'Or=
besson. Tellheim. Codrus. u. s. f.

Herr

Herr Stephanie der jüngere. Soderini in den Mediceern. Niklas Schaaf im Franzosen zu Wien. Herr von Kapellet. Rode im dankbaren Sohn. u. s. f.

Herr Weidman. Chevalier im Zerstreuten. Fritz im Kühhirten. Wilhelm Mauser im Bettlstudenten. Riccaut. u. s. f.

Madam Brockman. Dünkelin. Franziska. andere Soubretten. u. s. f.

Dem. Jaquet die ältere. Rosine im Barbier von Sevilien. Miß Burton im Landmädchen. Sophie im Hausvater. u. s. f.

Dem. Jaquet die jüngere. Betty im Was seyn soll schickt sich wohl. Emma in der Elfride. Lisette in der jungen Wittwe. u. s. f.

Madam Sacco. Eugenie. Olivie. Gräfin Walltron. Julie im Romeo und Julie. Emilia Galotti. Elmire. Elisabeth im Richard. Rutland. Elfride. u. s. f.

Madam Stephanie. Bardonia in der Olivie. Louise im Franzosen zu Wien.

J 3

Ur-

Urſina. Julie Heiter in den falſchen Vertraulichkeiten. Thereſe in den Wölfen
in der Heerde. u. ſ. f.

Dem. Teutſcherin. Minna Barnhelm.
Olivie. Emilia Galotti. Betty in der
jungen Indianerin. u. ſ. f.

Madam Weidnerin. Lady Rachel Mildew in der guten Frau. Kamilla in den
Mediceern. Olympia in Erwin und Elmire. Merope. Eliſabeth im Eſſex. Clau-
dia Galotti. u. ſ. f.

V.

Neue Auflagen.

———

Den 16ten April ward der **Minister**, dieses so rühmlich bekannte Drama, das man, um seinem Verfaßer Gerechigkeit wieberfahren zu laſſen, immer mit der **Clementine** zugleich nennen muß, aus einer neuen verbeſſerten Ausgabe geſpielt, in welcher die paucæ maculæ, die etwa noch hie und da der verbeſſernden Hand des Meiſters bedurften, vollends glücklich gehoben worden ſind.

Den 24ten April ward die **beſtrafte Neugierde** vom jüngern Herrn Stephanie nach der neuen Ausgabe (*) und dem Titl der **Neugierige** vorgeſtellt. Das Stück war ſchon in ſeiner erſten Geſtalt eine aus den beſſern Arbeiten des Verfaßers, es hat eine Menge recht komiſche Scenen,

J 4   und

———

(*) S. ſämmtliche Luſtſpiele 3ter Theil.

und bis auf ein paar sind alle Karaktere lebhaft, wenn gleich nicht neu. Die beyden Werboffiziers sind nur Maschinen, auch hat der Verfasser an sie den wenigsten Fleiß verwendet, der lustigste, und ausgeführteste Karakter ist ohne Zweifel Herr Ständler. In dieser neuen Ausgabe hat Herr Stephanie viele Bemerkungen, die hie und da über sein Stück bey desselben erster Erscheinung gemacht worden sind, genüßt, und ihm dadurch einen höhern Grad von poetischer Güte gegeben.

Den 10ten August ward der Stammbaum aus einer neuen Auflage, und unter den Titl das unruhige Namensfest oder der neue Weiberstreit aufgeführt. Auch hier ist der Fleiß, und die beständige Sorgfalt des Verfaßers auch die geringsten unmerklichsten Flecken zu verwischen sichtbar; dies Stück hat durch die Veränderungen, die sowohl in der Oekonomie, als meistens in dem Dialoge getroffen worden sind, sehr viel gewonnen, und ist in der

der komischen Gattung eines der besten des Verfassers.

Von dem Lustspiele die Kunst auf Kosten der Leute zu leben (*) erschien eine neue Auflage unter dem Titl der Schuldenmacher, die aber bis itzt wegen der Abwesenheit des Herrn Müllers, der darinn die Rolle des Treffels hat, und andrer Hinderniße wegen noch nicht aufgeführt werden konnte; es ist eine neue Person, ein Jude, hinzugekommen, und der Sprache ist hie und da nachgeholfen worden.

(*) Seite 104.

VI.

Verzeichniß der lebenden Wieneri=
schen Theatral = Dichter, und ihrer
heurigen Arbeiten.

Herr von Ayrenhof, k. k. wirklicher
Oberster und Kommendant des Graf Karl
Kolloredischen Infanterie Regiments.

Herr von Brahm.

Herr Fuß Sekretair bey Graf Chotek
schrieb die Schwiegermutter (*)

Freyherr von Gebler k. k. Staats=
rath, und des königl. St. Stephansor=
dens Ritter.

Freyherr von Gugler.

Herr von Zeufeld. Kontrolor des k. k.
Universaldepositenamtes.

Herr von Jestern. Ist mit dem königl.
Preußischen Residenten wieder in sein Vater=
land zurückgekehrt.

Herr

(*) S. das Verzeichniß der neu aufge=
führten Stücke. Seite 105.

Herr Reppner. überſetzte den Zerſtreuten von Regnard. (*)

Herr von Keßler. k. k. Hoffammer-Konzipiſt.

Herr Klemm öffentlicher Lehrer an der k. k. Normalſchule, von ihm iſt die Kunſt auf Koſten der Leute zu leben (**)

Herr Laudes k. k. Hoffammer - Konzipiſt, überſetzte der François à Londre von Boiſſy (***)

Herr von Moll Pächter des Theaters in Presburg.

Herr Müller. Mitglied der Nationalſchau-ſpieler - Geſellſchaft.

Freyherr von Otterwolf k. k. Kreis-amts - Adjunkt.

Herr von Pauersbach Hof - Sekretair bey dem k. k. N. De. Landrechten.

Herr

(*)S. Verzeichniß der neuen Stücke. Seite 99.

(**) S. Ebendaſelbſt. Seite 104.

(***) Ebendaſelbſt. Seite. 109.

Herr Pelzel Sekretair bey dem Herrn Grafen von Kobenzel.

Herr Radizneck. überſetzte den Barbier von Sevilien von Beaumarchais. (*)

Herr Rautenſtrauch. privatiſirt.

Herr Richter Wechſelgerichts-Offiziant, ſchrieb den Falke (**)

Herr Steigenteſch. Mitglied der National-ſchauſpieler-Geſellſchaft, überſetzte die gute Frau von Kenrick. (***)

Herr Stephanie der ältere (Chriſtian Gottlob) Mitglied der Nationalſchauſpieler Geſellſchaft.

Herr Stephanie der jüngere. (Gottlieb) Mitglied der Nationalſchauſpieler-Geſell-ſchaft, ſchrieb den Peterzapfel (†) und

gab

(*) S. Verzeichniß der neuen Stücke Seite 107.

(**) Ebendaſelbſt Seite 128.

(***) Ebendaſelbſt Seite 100.

(†) Ebendaſelbſt Seite 102.

gab eine verbeſſerte Ausgabe der beſtraften
Neugierde (*)

Demoiſelle Teutſcherinn National-Schau-
ſpielerinn.

Herr Weidmann Kanzeliſt in der gehei-
men Ziffer-Kanzley, ſchrieb den Kühhirt (**) die ſchöne Wienerinn (***)
den Bettelſtudenten (†) den Fuchs in
der Falle. (††)

(*) Neue Auflagen Seite 135.
(**) Verzeichniß der neuen Stücke
    Seite 110.
(***) Ebendaſelbſt Seite 111.
(†) Ebendaſelbſt. Seite 120.
(††) Ebendaſelbſt. Seite 126,

VII.

Das Personale
des
National-Theaters.
Nach der Anciennität.

Mannsperfonen.

Herr Karl Gottlob Heydrich, gieng im
22ten Jahre seines Alters im Jahr 1738.
zum Theater, und debutirte bey der dama-
ligen Neuberin zu Hamburg, von da kam
er im Jahre 1740 zur Schönemannischen
Gesellschaft nach Lüneburg; im Jahr 1741.
wieder zur Neuberin nach Leipzig, im Jahre 1743 zur Schröderischen Truppe nach
Hamburg, woselbst er sich mit Dem. Tum-
lerin verehligte, und dem Theater auf einige Zeit ganz entsagte. Im Jahre 1746
starb seine Frau, und er kehrte wieder zur
Neuberin nach Leipzig zurück. Im Jahre
1748 kam er hieher, und ist seitdem beständig

ſtändig hier. Er iſt zu Markersdorf bey Zittau gebohren, und 59 Jahre alt.

Herr Karl Jaquet, betrat das Thea= ter im Jahre 1750 im 25ten ſeines Al= ters, und kam, nachdem er verſchiedent= lich in Linz, Graß, Salzburg u. ſ. w. ge= ſpielt hatte, im Jahre 1760 zum hieſigen Theater. Er iſt 51 Jahre alt.

Herr **Chriſtian Gottlob Stephanie** (der ältere) betrat das Theater im Jahre 1755. im 21ten ſeines Alters, und zwar in ſeiner Vaterſtadt Breßlau bey der Schu= chiſchen Geſellſchaft, er gieng von da . mit der Kirchhofiſchen im Jahre 1758 nach Altona, und im Jahre 1759 nach Mitau in Kurland, im Jahre 1760 kam er hie= her, und iſt ſeitdem beſtändig hier. Er iſt in Breßlau gebohren, und 42 Jahre alt.

Herr **Ignaz Preinfalk**, betrat das Theater im Jahre 1754. im 16ten ſeines Alters bey einer wandernden Truppe, de= ren Prinzipal Nachtigall hieß, nach eini= ger Zeit verließ er die Truppe, und die Schaubühne völlig, bis er im Jahre 1761 zum

zum hiesigen Theater, welches damals unter der Direktion des Grafen Durazzo stand engagirt ward. Er ist zu Stein in Unterösterreich gebohren, und 37 Jahre alt.

Herr Johann Heinrich Friederich Müller betrat das Theater bey der Schuchischen Gesellschaft, gieng von da im Jahre 1757 zur Schönemannischen nach Lübeck, kam im Jahre 1763 zum hiesigen Theater, und ist seitdem (nachdem er im Jahre 1773 auf einige Monate abgedankt, aber sich im December des nemlichen Jahres wieder engagirt hatte) beständig hier. Er ist aus Sachsen, und 42 Jahre alt.

Herr Johann Christoph Gottlieb betrat im Jahre 1755 im 18ten seines Alters das Theater zu Brün bey einer Brünnerischen Gesellschaft, gieng von da, nachdem er bey verschiednen kleinern Truppen gespielt hatte, im Jahre 1759 zu der Sebastianischen Gesellschaft nach Augspurg, und kam im Jahre 1763 zum hiesigen Theater. Er ist aus Wien und 40 Jahre alt.

Herr

Herr Steigentesch betrat im Jahre 1769 im 24ten seines Alters das hiesige Theater, unter der Entreprise des Frey-herrn von Bender, und der Direktion des Herrn von Seufeld. Er stand sonst bey keiner andern Gesellschaft, ist zu Ko-stanz in Oberösterreich gebohren, und 31 Jahre alt.

Herr Gottlieb Stephanie (der jüngere) betrat im Jahre 1769 im 28ten seines Alters das hiesige Theater, stand sonst bey keinem andern, ist zu Breslau geboren, und 35 Jahre alt.

Herr Franz Johann Weiner kam im Jah-re 1769 im 19ten seines Alters zur hiesi-gen Gesellschaft, stand nie bey einer andern, ist zu Troppau geboren, und 26 Jahre alt.

Herr Lange betrat unter der Entre-prise des Grafen Kohary im Jahre 1770 im 20ten seines Alters die hiesige Bühne, außer welcher er sonst noch keine betreten hatte; vermählte sich im Jahre

K

1775

1775 mit Dem. Schindlerin, ist aus dem Reich geboren, und 26 Jahre alt.

Herr Dominik Jauz, debutirte im Jahr 1772 im 36ten seines Alters bey der hiesigen Gesellschaft, nachdem er vorhero noch bey keiner gestanden hatte. Er ist aus Prag gebürtig, und 40 Jahre alt.

Herr Joseph Weidmann gieng im Jahre 1757 im 18. seines Alters, da er bey der hiesigen Gesellschaft, die damals aus lauter alten Extemporanten bestand (*) keinen Platz finden konnte, als Figurant zu der Brunianischen Gesellschaft nach Brünn; von seinem Principal und seiner eignen Begierde aufgemuntert, versuchte er die Rolle des Pasquins im Kavalier und Dame von Goldoni, und da er gefiel, so entsagte er dem Tanze gänzlich, und ward Akteur; nach der Zeit gieng er nach Linz. Im Jahr 1764 gieng er nach Salzburg zu der Ilgnerischen, und im Jahre 1765 nach Prag zu der Postellischen Gesellschaft.

Im

(*) Unter der Durazzischen Direktion.

Im Jahre 1766 berief ihn der Abel, der das Theater selbst übernehmen wollte, nach Linz, woselbst er 6 Jahre verblieb. Im Jahre 1772 gieng er nach Graß zu Herrn Reuling, und im Jahre 1773 ward er unter der Gr. Koharischen Entreprise zum hiesigen Theater engagirt. Er ist in Wien gebohren und 37 Jahr alt.

Herr Johann Kopfmüller betrat das Theater im Jahre 1766 hier in den sogenannten Kinder Komödien, gieng von da im Jahre 1768 nach Linz, und im Jahre 1772 nach Presburg zu Herrn Wahr. Im Jahre 1773 ward er für das hiesige Theater engagirt. Er ist 30 Jahre alt.

Herr Johann Baptist Bergopzoomer, betrat im Jahr 1764. im 20. seines Alters das hiesige Theater, gieng von da im Jahre 1765. zu der Kurzischen Gesellschaft nach München, und obwohl er nur zu letzten Rollen war verschrieben worden, so setzte ihn sein Talent, doch gleich im Stande nicht nur erste Rollen sondern auch die Di-

K 2   rektion

rektion der Gesellschaft zu übernehmen,
die ihm Kurz auch anvertraute, und mit
welcher er verschiedene Reisen im Reiche
that. Im Jahr 1772. wollte er dem Theater entsagen, aber Brunian der damals
Prinzipal des Prager Theaters, und in den
kümmerlichsten Umständen war, drang in
ihm sich bey seiner Gesellschaft zu engagiren, Bergopzoomer nahm den Ruff an und
er war kaum angelangt, als er durch Vor-
schub des k. k. Gubernial-Raths von Zen-
net zum Direktor der Gesellschaft ernannt
wurde; Prag hat seinen Einsichten und
seiner unverdrossnen Mühe, und Arbeit sein
nunmehr regelmäßiges Theater zu verdanken.
Im Jahre 1774 kam er zum zweytenmale
hieher, und ist seit dem ununterbrochen hier.
Er ist aus Wien und 33. Jahre alt.

Frauen-

Frauenzimmer.

Madam **Christiane Friedericke Weidnerin.** Debütirte im Jahre 1741. im 10
ihres Alters als damalige Dem. Lorenzin
auf der hiesigen Bühne, (*) gieng noch im
nemlichen Jahre mit ihren Eltern nach Dan-
zig, von da im Jahre 1744 zur Neuberin nach
Leipzig, im Jahre 1748 kam sie wieder
nach Wien, und ist seit dem beständig hier.
Im Jahre 1757. heurathete sie Herrn
Huber, welcher im Jahre 1760. starb,
und im Jahre 1775. vermählte sie sich
zum zweytenmal mit Herrn **Weidner;**
sie ist zu Zittau gebohren, und 45. Jahre alt.

Dem. **Maria Anna Jaquet** (die ältere) Spielte schon im Jahre 1760. im 8ten
ihres Alters auf dem hiesigen Theater Kin-
derrollen, im Jahre 1768. debütirte sie mit
der Marie im Kaufman zu London, sie
ist 24 Jahre alt.

K 3   Ma-

(*) Unter der Direktion des Herrn Sellier.

Madam Maria Anna Göttlieb, vors
malige Dem. Theynerin, ward von dem
Gräflich Bodizischen Theater im Jahre
1765. im 20ten ihres Alters auf die hiesige Bühne engagirt, im Jahre 1766 vermählte sie sich mit Herrn Gottlieb. Sie
ist zu Roßwaldau gebohren und 31 Jahre alt.

Madam Theresia Brockman, kam
im Jahre 1769. zur hiesigen Gesellschaft,
sie ist 36 Jahre alt.

Dem. Maria Antonia Teutscherin, betrat im Jahre 1769. im 17ten ihres Alters das hiesige Theater, hat vorhin auf
keinem gespielt, ist 24 Jahre alt.

Madam Maria Anna Stephanie, betrat im Jahre 1771. im 19ten ihres Alters als damalige Dem. Mika die hiesige
Bühne, ausser welcher sie sonst noch keine
betreten hat; im nemlichen Jahre verehligte sie sich mit Hrn. Stephanie dem jüngern. Sie ist in Prag gebohren, und 24
Jahre alt.

Dem. Maria Anna Defraine, hat außer der hiesigen Bühne, auf welcher sie

im

im Jahre 1773. im 14ten ihres Alters debütirte, noch nirgends gespielt. Sie ist aus Wien, und 17 Jahre alt.

Dem. Catherine Jaquet, debütirte im Jahre 1774 im 14ten ihres Alters auf dem hiesigen Theater, hat sonst nirgends gespielt, ist in Wien gebohren, und 16 Jahre alt.

Madam Johanna Sacco betrat als Dem. Richard das Theater im 11ten Jahre ihres Alters bey der Gesellschaft der Madam Kurzin im Jahre 1765. Kam von da zu der Ackermannischen Gesellschaft nach Hamburg; im Jahre 1772 vermählte sie sich mit Herrn Sacco, und im Jahre 1774 gieng sie nach Warschau. Im gegenwärtigen Jahre ward sie für das hiesige Theater engagirt. Sie ist in Prag gebohren, und 23 Jahre alt.

Das ganze Perſonale beſtehet der=malen in

14 Mannsperſonen
9 Frauenzimmern

23 • darzu uoch

Kinderrollen.

5 { Der kleine Müller
⸗ ⸗ Jaquet
⸗ ⸗ Spreng
Dem. Dornin
⸗ Müller

Abgang vom Theater.

Herr und Madam Unger ſind abge=dankt worden. (*)

VIII.

(*) Seite 93.

VIII.

Rollen = Veränderungen.

Es wird vielleicht nicht überflüſſig ſeyn uns über die Abſicht dieſes Artikels etwas näher zu erklären.

Sie iſt, und kann keine andre ſeyn, als erſtlich: da die Veränderungen und Umtauſchungen der Rollen in der Geſchichte des Theaters hiſtoriſche Fakta ausmachen, ſie auch als ſolche zu behandeln und aufzuzeichnen.

Zweytens: ſie um ſo mehr aufzuzeichnen, als ſie eben ſo viel redende Zeugniſſe von dem Fleiße der Schauſpieler ſind, ſich in allen verſchiednen Fächern zu verwenden.

Uebrigens verſichern wir im voraus, daß wir in dem Verfolge dieſes Artikels alle gehäſſigen Vergleichungen ſorgfältig zu vermeiden bemüht waren, und daß das Lob, welches wir dem Schauſpieler, der die Rolle übernommen hatte, geben, keinesswegs einen Vorwurf wieder denjenigen beſaſſe,

K 5

faſſe, der ſie übergeben hatte, ſondern viel,
mehr ein Beweiß ſey, daß beyde Unter,
ſcheidung verdienen; Es iſt einer der glän,
zendſten Vorzüge unſrer Geſellſchaft, daß
ſie eine und eben dieſelbe Rolle mit mehr
Spielern gleich vortrefflich beſetzen kann.

* *

Am 4ten Hornung übernahm Herr Ste,
phanie der jüngere von Herrn Müller
die Rolle des Schulmeiſters im Peter Zapfel.

Den 13ten April erſchien Dem. Teut,
ſcherin zum erſtenmal als eine vortreffliche
Minna, und Herr Weidman als Riccaut
de la Marliniere; er übertraf alle Riccaut,
ſpieler, die wir hier noch geſehen haben

Am 15ten April übernahm Madam Un,
ger von Madam Brockman die Dünke,
lin in den falſchen Verträulichkeiten, und
Herr Unger debütirte in nemlichen Stücke
(*) mit der Rolle des Prokurator Riemers,
die bisher der jüngere Herr Stephanie
geſpielt hatte. Herr Unger erſchien nicht
ſehr zu ſeinem Vortheile.

Den

(*) Seite 62.

Den 28ten April spielte Herr Bergop=
zoomer im Deserteur aus Kindesliebe die
Rolle des Punk, die sonst Herr Weidman
gespielt hatte; er that ihr Genüge.

Am 16ten May übernahm Herr Ste=
phanie der jüngere von Herrn Bergop=
zoomer die Rolle des Bartholo im Bar=
bier von Sevilien; er spielte sie brüfter
als Bergopzoomer, der sie im Tone
des Geißigen gegeben hatte.

Am 28ten May übernahm Herr Jauz
von Herrn Heydrich den Schulmeister, Herr
Weidman vom jüngern Herrn Stephanie
den Martin, und Herr Preinfalck von
Herrn Müller den Jakob im Gespenst auf
dem Lande.

Am 10ten Junius erschien Herr Lang
zum erstenmal als Lord Klarendon in der
Eugenie; diese Rolle war bisher für Pro=
berollen unbesetzt gewesen, er spielte sie sehr
schön.

Am nämlichen Tage übernahm Madam
Sacco von Dem. Teutscherin die Rolle
der

der Eugenie — Eugenie war Saccos Debütrolle (*)

Am 15ten Junius die Roxelane in den drey Sultaninnen, sie spielte, wie man denken kann, gut, aber gewiß noch beſſer hätt ihr die zärtliche Elmire gelungen.

Im nemlichen Stücke trat Herr Bergopzoomer in des ältern Herrn Stephanie Soliman, man iſt es ſchon gewohnt, ſolche Rollen von Bergopzoomer vortrefflich zu ſehen.

Am 27ten Junius übernahm Madam Sacco von Dem. Teutſcherin die Rolle der Minna Barnhelm. Das launigte, muntere, tändelhafte dieſer Rolle gelang ihr,
aber

(*) S. Geſchichte des Theaters Seite 73. Es iſt bekannt, daß Dem. Teutſcherin bisher die zärtlichen Rollen, die Eugenien, Betty, Lindanen, Rutland, Eliſabeth, Emilien, Olivien, Julien ꝛc. mit Beyfalle geſpielt hat.

aber das zärtliche derselben machte sie meisterhaft.

Am 2ten Julius übernahm Madam Sacco von der ältern Dem. Jaquet das Julchen im Weisen in der That.

Am 6ten Julius spielte sie die Elisabeth im Weisischen Richard, eine Rolle für Sacco geschrieben.

Am 20ten Julius von der ältern Dem. Jaquet die Sophie im Hausvater.

Am 13ten August spielte sie die Emilia Galloti; sie ward allgemein bewundert.

Am nemlichen Tage spielte statt Herrn Müllers Herr Steigentesch die Rolle des Marinelli — Steigentesch ist ein sehr geschickter Schauspieler, aber die Rolle des Marinelli ist eine Rolle worauf Müller ein ausschlüßendes Recht hat, er verdarb sie nicht, das versteht sich, aber, ohne Umschweife, Müller spielt sie besser.

Am 17ten August, übernahm Madam Sacco die Rolle der Baronin Lilienborn in der neuesten Frauenschule, und gab sie mit aller Wärme, die diese Rolle fodert.

Am

Am 20ten Auguſt gab Herr Stephanie
der ältere die Rolle des Dormond im Je-
ſterſchen Duell an Herrn Lang ab.

Am 27ten Auguſt war Madam Sacco
Olivie; und welch ein Olivie!

Am 5ten September übernahm ſie die
Betty in der jungen Indianerin, und exe-
quirte ſie vortreflich.

Am 19ten ſpielte ſie die Pauline in
den zween Freunden von Beaumarchais.

Den 16ten Erſchien ſie als ein liebens-
würdige Yariko in dem kleinen Stückchen
von Pelzel.

Den 3ten Oktober als Julie im Romeo
und Julie. Ihr Meiſterſpiel ward ſo allgemein gefühlt, und ſo allgemein bewundert, daß das Stück zweymal nacheinan-
der gegeben werden mußte — ein Umſtand
der ſich bey ſo oft geſehenen Stücken als
es Romeo und Julie iſt auf unſerm Theater das erſtemal ereignete.

Am nemlichen Tage gab Herr Stephanie der jüngere eine ſeiner beſten Rollen
den Herrn von Kapellet an Herrn Bergopzoomer

zoomer ab. Dieſer ſpielte ihn mehr tro‐
ßig als hißig.

Den 12ten Oktober übernahm Madam
Sacco von der ältern Dem. Jaquet die Pa‐
mela in Pamela als Mädchen von Goldoni,
und entzückte jeden der fähig war entzückt
zu werden.

Den 17ten Oktober gab Herr Stephanie
der ältere an Herrn Jauz den H. von Ro‐
ſenheim, Herr Stephanie der jüngere
an Herrn Jaquet den Aftenburg, und
Madam Weidnerin an Madam Unge‐
rin das Fräulein Roſenheim in der Ueber‐
eilung ab.

Den 9ten November war ſtatt Dem.
Teutſcherin Madam Sacco Frau von
Orlheim im Graf Olsbach.

Den 21ten übernahm ſie die Lindane in
der Schottländerin, und ſpielte ſie wie ſie
alles ſpielt, unverbeſſerlich.

Den 28ten erſchien ſie als Lucinde im
Orakel von Gellert und war ganz das
liebe naive Mädchen, ganz die Grazie die
Gellerts Lucinde iſt.

Den

Den 30ten übernahm sie die Gräfin Rutland in der Gunst der Fürsten; es ist un-
nöthig hinzuzusetzen, wie meisterhaft sie
diese Rolle, die ihrer Wärme wegen selbst
die Elisabeth verdunkelt, gegeben hat.

Den 5ten December ward der Deserteur von Sedaine aus der wohlgerathenen
Ueberſetzung des Herrn von Brahm gespielt; das Stück hatte ſchon ſeit langer
Zeit geruht, und die meiſten Rollen waren neu beſetzt, und ſo vortrefflich, daß ich
auf unſern Theater nicht viele Stücke ken-
ne, in denen jederman ſo an ſeinem Platz
wäre, als in dieſem, ſogar die unbeträcht-
lichen Rollen des Couriers, und Kerker-
meiſters verſagten nicht. Louiſe war Madam Sacco, Hollman, Herr Lange,
Hansmichel, Herr Stephanie der jüngere
Stürmer, Herr Jaquet. Bernard, Herr
Gottlieb. Kerkermeiſter, Herr Heidrich.
Theres, Dem. Defraine. Hollmans Baſe,
Madam Ungerin. Renndorf Herr Weiner.

Ich kann nicht umhin bey dieſem Stücke
eine Anmerkung mitzunehmen. Im ver-
gan-

gangenen Jahre gab die Hammonifche
Opern Gefellfchaft dies nemliche Stück im
franzöfifchen Original, und fpielte es (vom
Gefang ift hier die Rede nicht) im Gan=
zen fehr gut, aber es gefiel nur mittelmä=
ßig. Im gegenwärtigen Jahre gab es die
Böhmifche Truppe (*) und es gefiel gar
nicht, auch die Wäferifche verfuchte fich
daran (*) und brachte fich damit um ih=
ren ganzen kleinen Krebit; daß es nun bey
der Böhmifchen Truppe nicht, gefiel, daß es
bey der Wäferifchen mißfiel, das ift frey=
lich fehr begreiflich, man fang und fpielte
bey jeder ganz erbärmlich, aber, daß es
bey einer Truppe ziemlich guter franzöfi=
fcher Schaufpieler nur mittelmäßig gefiel, daß
es — was ich nicht verhellen kann — auch auf
unferm National Theater ungeachtet des
vortrefflichen Spieles aller die daran Theil
nahmen, auch nur ganz kalt aufgenom=
men ward, das dürfte etwas weniger be=

L   greif=

(*) Seite 67.
(*) Seite 78.

greiflich ſeyn; auf allen Fall kann man
dreuſt behaupten, daß — in Rückſicht auf
den Geſchmack des hieſigen Publikums —
die Urſache in dem Stücke ſelbſt liegt —
für den äſtethiſchen Philoſophen ein Problem, das ihm über unſern Lokal Geſchmack
manche Aufſchlüße geben mag —

Am 10ten December ſpielte ſtatt Madam Stephanie, Madam Sacco die Julie Heiter in den falſchen Vertraulichkeiten
von Marivaux.

IX.

IX.

Verzeichniß

aller

Im Jahre 1776 aufgeführten Stücke.

———————

Man hat dies Verzeichniß nicht ohne Ursache nach der alphabetischen Ordnung der Stücke gereihet, man kann sich daraus beym ersten Blicke belehren ob ein Stück überhaupt, und wie oft es aufgeführet wor̶den, und aus der öftern Wiederhollung ei̶nes Stückes vor dem andern kann man mit sehr viel Gewißheit auf den Geschmack des Publikums schließen — so hat der Herausgeber dies Verzeichniß — das ge̶wöhnlich nichts weiter als eine sehr trock̶ne, und entbehrliche Notiß war — zu et̶was brauchbar zu machen gesucht.

J. bedeutet Jäner. H. Hornung A. April. M. Mai. B. Brachmo̶

L 2 nat

nat h. Heumonat S. Sommermonat
H. Herbſtmonat W. Weinmonat w. Win=
termonat C. Chriſtmonat.

* *

*

Abgenöthigte Einwilligung, von Merville
9. A. 18. C.

Aeſop am Hofe, von Bourſeault 9. J. 24. H.

Allzugefällige Eheman, von j. Stephanie.
7. M. 13. W.

Ausgeſchlagne Erbſchaft. 14. M.

Barbier von Sevilien, von Beaumarchais.
4. 5. 16. M. 4. B. 7. h. 25. S.

Bauer aus dem Gebirge, a. d. f. 4. h.
28. C.

Beſtrafte Neugierde von j. Stephanie 6.
H. 24. A.

Bettelſtudent von Weidmann. 6. 8. 10.
27. W. 19. w.

Bettler, von Bock. 15. A.

Dankbarer Sohn, von Engel. 1. M. 22. S.

Deſerteur, von Sedaine. 5. C.

Deſerteur aus Kindesliebe, von j. Ste=
phanie. 7. H. 28. A 26. H. 29. C.

Drey Sultaninen, von Favart. 15. B.

Duell,

Grä=

Küh-

Peter

Sie

L 5   Was

Was seyn soll, das schickt sich wohl, von
 Miß Lenox. 15. 17. W. 7. w.
Weise in der That, vom Sedaine. 2. h.
Werber, nach Farghar. 13. H. 8. M.
Westindier, von Cumberland. 12. H. 12.
 B. 21. H. 14. C.
Widersprecherin, von Frau Gottsched. 27.S.
Wirthschafterin vom j. Stephanie. 9. B.
Wölfe in der Heerde von j. Stephanie.25.
 J. 17. A.
Wohlgebohrne, von j. Stephanie. 20. W.
Yaricko, von Pelzl. 26. H.
Zerstreute von Regnard. 6. 7. 8. 14. 28.
 J. 10. H. 22. M.
Zween Freunde, von Beaumarchais. 19. H.
 In allem 105 Stücke, darunter
 14 neue Originale
 5 neue französische ⎱ Ueberse-
 5 neue englische ⎰ ßungen.
 ⸻
zusammen 24 Stücke, die das vorige Reper-
torium vermehrt haben.

 Da es von gar keinem Nußen seyn kann
zu wissen, an welchen Tagen die Schau-
bühnen verschlossen geblieben, so wollen
 wir

wir auch damit weder unser Papier, noch
unsern Lesern ihre Zeit verderben.

In der Fasten waren 8 in den Monaten
April und May 6. und in den letzten 9.
Tagen der Adventzeit 3 musikalische Aka=
demien.

X.

X.

Vorstadts = Spektakeln.

Der Hof hatte bey der Uebernahme des
Nationalschauspieles durch die k. k. N. De.
Regierung bekannt werden lassen, daß es
jeder Gesellschaft freystehe nicht nur in dem
Kärntnerthortheater, wie wir bereits ange=
merkt haben. (*) sondern auch in den
Vorstädten, wo und wie sie wollten zu
spielen.

Diese Anerbietungen lockten eine Menge
jener herumschweifenden Horden an, die,
weil sie nirgends zu verlieren haben, überall
zu gewinnen hoffen. Thalia überschwemm=
te uns mit ihren Wohlthaten, und ihre
Bastarte reißten uns aus allen Erdewinkeln
zu. Wir wollen uns um so weniger damit
abgeben diesen Geschöpfen mit unsern Mey=
nungen wehe zu thun, da wir gewiß wissen
daß die meisten unter ihnen es drückend ge=
nug

(*) S. Geschichte des Theaters Seite 64.

nug fühlen, daß die Natur sie stiefmütter-
lich aus ihren angewiesnen Sphären, den
Holzhauer, oder Küchenmädchen Ständen in
den Stand der Possenreisser, und Possen-
reisserinnen exilirt hat; wir wollen nur weil
wir vermuthen, daß es einem Theile unserer Leser angenehm seyn könnte, und weil
wir glauben, daß es in einer Geschichte
unsrer sämmtlichen Ergößungen nicht ganz
am unrechten Plaße stehen werde, sie nach
der Reihe namhaft machen.

Die erste war eine Koppische Truppe,
die ihren — Schauplaß am 14. April in
der Leopoldstadt in einem Saale, beym
Wöberl genannt, eröfnete, und ungefähr
vierzehn Tage einige recht gute Stücke z. B.
darf man seine Frau lieben? vom Nivelle
de la Chaußee, den goldonischen Murrkopf
(*) den dankbaren Sohn, die Freundschaft
                                        auf

(*) Der bey ihr einmal: der unsinnige
    Wohlthäter einmal: der gähe Zorn,
    oder gäher Zorn dauert nicht lange
    hieß.

auf der Probe u. f. w. räderte, nachhin
aber sich zu den mehr beliebten: Kasperl
den uneigennützig-listig-und lustigen Heu-
rathsstifter: Kasperl den lustigen Uebel-
thäter: Den in eine Feder verwandelten
Degen 2c. hinauf schwang. Sie gab auch
Pantomimen, und verschwand, so wie sie
gekommen war, die erste.

Vom 5. May an kurzweilte an der Lerchenfelder Linie eine gewisse Hellmannische
Bande — begünstigt vom Gotte des guten
Geschmacks hatte sie den Hanswurst in einen Hans Casper umgetauft.

Vom 12. May an spielte beym Fasan
auf den Neustift die bekannte Bernerische
Kindertruppe; hier sah man täglich 3. bis
4. Specktakeln, ein Schau-Trauer-oder
Lustspiel, eine Opera, eine Pantomime,
und ein Ballet, alles in gleicher Vortref-
lichkeit. Berner that aus politischen Ab-
sichten Reisen, er reiste vom Fasan auf
Penzing, von Penzing in die Leopoldstadt
in eine eigends erbaute Hütte, und von der
Leopoldstadt wieder zum Fasan.

Vom

Vom 2. Juny an spielte anfangs in der sogenannten Penzinger Hüte, und nachhin im Bauernfeindischen Saale in der Josephstadt eine Scherzerische Truppe. Aus allen ließ diese die buntscheckigsten Anschlagszetteln drucken, in den Nachrichten an den geneigten Leser hieß es unter andern sehr lesenswürdigen Dingen gemeiniglich „Soll„ ten wir uns wohl den Beyfall einer „ hohen Noblesse, und eines geehrtesten „ Publici versprechen dürfen? — o ja!„ ihre Force Stücke waren: Magärens erster, und zweyter Theil, der 30. jährige A B C Schütz — der Weissische Richard, und der Stephanische Macbet — Sie gab anfangs auch gewöhnlich alle Freytage eine musikalische Akademie, zu welcher jeder, der ihren Schauplatz am vorhergehenden Donnerstag besucht hatte, ein Freybillet erhielt.

Eine Sebentingerische Gesellschaft deutscher Schauspieler ließ sich beym Schiff auf dem Turi vom 16. Juny an bewundern — sie gab unter andern „Ein Schau„ spiel in fünf Aufzügen, genannt: die „ Kro»

„ Krone aller deutſchen Trauerſpiele,
„ das iſt, Zayre, oder die raſende Eifer-
„ ſucht eines Türken„ — man denke ſich
einmal den Drosmann —

Ein gewiſſer Gerdeck ward aus einem
Friſeur ein Theaterprincipal, ſammelte ſich
in einem Huy eine Heerde, die er Kraft
ſeiner Principalſchaft in eine Geſellſchaft
regelmäßiger deutſcher Schauſpieler me-
tamorphoſirte, und ſpielte mit ihr vom 7.
July an in der Leopoldſtadt im ſchwarzen Ad-
ler — er fand vermuthlich nicht ſeine Rech-
nung dabey, denn ſeine Principalſchaft hatte kaum 3. Wochen gedauert, als er ſie an
einen gewiſſen Sollmann abgab, unter
deſſen Direction die Truppe bis jetzt fort-
ſpaßt.

Auf den Spitalberg in der Ente führte
vom 14. July an eine Einzingeriſche Truppe ihre Schau-Trauer-Luſt-Sing-und
Nachſpiele-Pantomimen-und Ballete
auf — man erzählt von dem Principal, daß
als er einſt einen der Zuſchauer auf dem letzten Platze pfeiffen gehört, er mitten in ſeiner

ner Rolle über die Emporbühne herab, über
die Bänke und Köpfe der vordern Zuschauer
hinüber, und zu dem ungebetenen Pfeiffer
hinangestiegen sey, ihn an der Gurgel gefaßt, zum Schauplatze hinausgeführt, sodenn aber ganz geruhig die Bretter wieder
bestiegen, und seine Rolle standhaft fortge-
spielt habe. — Ein solcher Friedemacher
wäre in unsern Theatern kein überflüßiger
Posto, um die ungezohenen Schwätzer, La-
cher, und Zischer — die sich noch dazu
selten auf dem letzten Platze befinden —
Sitten und Wohlstand zu lehren, oder wenn
sie das nicht lernen wollten oder könnten,
ihnen nachdrücklich begreiflich zu machen,
daß wer sich an öffentlichen Orten nicht zu
betragen wisse, auch in öffentlichen Orten
nichts zu suchen habe.

Vom 7. August spielte in dem Staren-
bergischen Freyhause auf der Wieden eine
Käßische Gesellschaft — währendem Aller-
heiligen Jahrmarkt erbaute sie sich in der
Stadt auf dem Neumarkte einen bretternen
Tempel, und spielte da mit ihren lebendigen

M   Mario-

Marionetten des Tages zwey bis dreymal —
unter den Kennern dieſer Gattung dramati‐
ſcher Beluſtigungen ſtand der Zanno dieſer
Geſellſchaft Kaſperl benamſet in großen
Rufe.

Am 1ten.December zog Thalia ſub au‐
ſpiciis einer Brücklischen Geſellſchaft deut‐
ſcher Schauspieler auf dem Schottenfeld in
der großen Sonne ein — dieſe Truppe hat‐
te ſamt dem würdigen Manne, der ſich auf
der Affiche immer Eines geöhrten Bu‐
plizi im Ernnſt ergäbnen Knecht Kaſ‐
berl nannte, ſchon ſeit einiger Zeit — die
ich , zum ungezweifelten großen Leidweſen
aller Hiſtoriographen der deutſchen Bühne
verläßiger zu beſtimmen auſſer Stande bin —
an der Lerchenfelder Linie die daſelbſt ge‐
ſtandne Zellmanniſche Truppe (*) abge‐
löſet.

Außer dieſen ſtehenden, und gleichſam
naturaliſirten Theatern gab es noch Mario‐
netten, Seiltänzer, Luftspringer, Taſchen‐
                                    ſpieler

(*) Seite 174.

pieler, Gaukler, Machinisten, Balanzier=
meister, Drattänzer, ꝛc. ꝛc. ꝛc. in unendli=
cher Menge.

Das Hetz = Amphitheater, das zur
jedesmaligen Direktion des Schauspiels ge=
hört, ward verpachtet, und gewöhnlich alle
Sonn = und Feyertäge, auch an einigen
Werktagen Hetze gehalten — später pro=
ducirte Herr Simson — der weltberühm=
te englische Kunstreuter Herr Simson
wie er sich selbst sehr bescheiden auf den
Anschlagzettel nannte — seine Wag und
Kunststücke im Reuten auf dem Hetzplatze.

Herr Girandolini, und Herr Stuwer
gaben im Sommer wechselsweise, erster in
der Aue am Tabor, letzter im Prater Kunst=
feuerwerke, mit denen sich für heuer Herr
Stuwer den Beyfall des Publikums vor=
züglich erwarb.

Ein gewisser Tobias Heim hatte die
Unverschämtheit das Publikum zu einer
Armseligkeit im Prater zu locken, die er
für nichts geringers, als für ein in Wien
noch nie gesehenes Chinesisches Lustfeuer=

M 2

werk

werk ankündigte; zum Theil hielt er red-
lich Wort, denn sein Feuerwerk war wenigstens eine in Wien noch nie gesehene
Erbärmlichkeit. Er gab nicht mehr als
2. Vorstellungen, davon die zweyte nur
von denen besucht ward, die sich für ihr
bey der ersten weggeworfenes Einlaß-
geld an den Herrn Feuerwerker rächen wollten.

So viel von den Spectaculis suburba-
nis.

XI.

XI.

Vermiſchte Nachrichten.

I.

Merkwürdige Vorfälle.

Der 1te Herbſtmondes war für die Na-
tional-Schaubühne ein merkwürdiger
Tag — Ihre Majeſtät die Kaiſerin
Königin beehrten ſie mit Ihrer Gegen-
wart — Welch ein Triumph für die Künſt-
lerin, der das Theater dieſe vorzügliche Gna-
de zu verdanken hatte; Ihre Majeſtät haben ſeit dem Jahre 1765. die Schaubühne
nur zweymal beſucht, und jedesmal, um
durch Ihren Beyfall die ſeltenſten Theater-
Genien aufzumuntern. Im Jahre 1770.
des ältern Lange als St. Albin, und
diesmal der Madam Sacco, als Minna
Barnhelm wegen.

Eben dieſe vortrefliche Schauſpielerin die
die Liebe, die Verehrung des ganzen Publikums hat, und verdient, erhielt von dem

M 3   gro-

großen Kenner und Schäßer wahrer Ta=
lente, den unterscheidenbsten Vorzug, nemlich
die Ehre des Zutritts in den Gesellschaften des
Herrn Fürsten von Kauniß Rittberg, die
sonst nur Personen vom ersten Range offen
stehn — Ein würdiger Lohn für sie,
und eine eben so große Aufmunterung für
unsre übrigen Künstler, in denen es den
schmeichelhaften Gedanken erregen muß, daß
die Großen der Nation ihre Bemühungen
zu schäßen wissen, und schäßen.

II.

Theatralische Schriften, so im Jah= 1776. zu Wien erschienen.

Wienerische Dramaturgie. Erster Band.
8. Bey von Trattnern 1776.
Recueil de programes des ballets de Mr.
Noverre &c. 8. bey v. Kurzböck. 1776.
enthält 1) Introduction ou petite
reponse aux grandes lettres du Sr.
Angiolini. les Horaces, & les Curia-
ces.

ces. 2) Les graces. 3) Agamem-
non. 4) Iphigenie. 5) Adelai-
de de Ponthieu. 6) Alexandre &
Compaſpe. 7) Acis & Galathéé.
8) Eutyme & Eucharis. 9) La
Roſiere de Salenci. 10) Les amours
de Venus. 11) La mort de Lico-
mede. 12) Hypermneſtre. 13)
Medéé & Jaſon.

Geſchichte und Tagebuch der Wiener Schaubühne von Herrn Müller. 8. bey von
Trattnern 1776.

K.K. privilegirte Realzeitung. bey von Kurzböck 1776.

Das Füllhorn, eine Monatſchrift. Drey
Monatſtücke.

Litterariſche Monate 8. bey von Trattnern
1776. drey Monatſtücke.

Wieneriſche Schaubühne 6ter Band 8. bey
Kurzböck. 1776. enthält 1) Kunſt
auf Koſten der Leute zu leben. 2)
Schwiegermutter. 3) Barbier von Se-
vilien. 4) Franzoſe zu Wien. 5)
Graf Walltron.

Die

Die Nacht aus dem Italienischen des Capacelli überseßt von Laudes. 8. bey von Kurzböck. 1776.

III.

Benefit Vorstellungen.

Den 20. Jenner. die gute Frau für Herrn Lange.

* 3. Hornung. Peter Zapfel. für Herrn Stephanie den jüngern.

* 27. August. Olivie. für Madam Sacco.

* 3. November. Mackbeth. für Madam Weidnerin.

IV.

Preise der Pläße im Nationaltheater.

Eine Loge im 1 Stock täglich   4 fl.

     *   2   *   *   3 fl.

Das

Das adeliche Partere kostet täglich 1 fl.
Der 3 Stock kostet   ⸰   30 kr.
Das gemeine Parter   ⸰   20 kr.
Der 4 Stock   ⸰   7 kr.

V.

Beschluß.

Zu lesen für (pl. Tit.) Herrn Christian Heinrich Schmid Professor der Dichtkunst, und Doktor der Rechte zu Giessen.

Im Leipziger Musenallmanach vom Jahre 1777. liest man (Seite 24) Schwarz auf Weis sehr artig, und leserlich gedruckt, daß die im Jahre 1776. herausgekommene Wienerische Dramaturgie ein ganz erträglich Stück Arbeit sey, dessen Verfasser seine Urtheile mit Belesenheit, und Einsicht abgefaßt habe, und das sich überhaupt wegen des lebhaften, und eignen Stils aus allen Dramaturgien nach den Sonnenfelsischen Briefen am besten lesen lasse. „

M 9   Der

Der Verfaßer dieſer unglücklichen Drama‑
turgie iſt nun niemand andrer als der Her‑
ausgeber des gegenwärtigen Taſchenbuches,
und er würde — ſo wenig Arroganz hat
er — mit dieſem an ſich ſelbſt noch immer
ſehr mäßigen Lobe ganz wohl zufrieden ſeyn,
wenn es nur ſein mißliches Geſchick nicht
ſo gefügt hätte, daß gerade Herr Chriſtian
Heinrich Schmid — der Mann, von dem er
am wenigſten Lob verlangt — derjenige
ſeyn mußte, der es ihm ertheilt hat. Die
Lehre:

Wenn deine Schrift des — — Lob erhält,
So iſt es Zeit ſie auszuſtreichen,

Dieſe verzweifelte Lehre, ſo wahr als be‑
ſchämend, iſt ihm immer gegenwärtig, und
er würde, von ihr angefeuert, nach dem,
was Herr Schmid zu ſeinen Gunſten that,
keinen Augenblick anſtehen mit ſeiner Dra‑
maturgie eben ſo unväterlich umzugehen, als
jener Maler mit ſeinem Gemälde des Krie‑
gesgottes, wenn es ſich nur eben ſo leicht
als bey jenem bewerkſtelligen lieſſe.

Aber

Aber sein Buch ist nun einmal in der
weiten Welt, er kann es nicht wieder zurück rufen, und er muß es sich gefallen lassen, daß derjenige, der sein Buch, und
Herrn Christians kritischen Freypaß darüber
gelesen hat, nur schlechter davon denke, als
er vielleicht sonst gedacht haben würde.

Auch findet er noch Trost in der intuiti-
ven Wahrheit, daß die Urtheile, und die
ganze leibhafte Person des Herrn Professors bey dem vernünftigern Theile des
Publikums nicht mehr und nicht weniger gel-
te, als ein nihilum positivum, daß ihm
also sein Lob bey denen, an deren Stimme
ihm gelegen ist, eben so wenig schaden kann,
als ihm — leider — sein Tadel nützen
würde.

Leider — denn könnte ihm dieser nützen,
wäre es ausgemacht, daß der Herr Professor wenigstens einen falschen schiefen Geschmack habe, und also dasjenige mehr als
erträglich sey, was die Ehre seines Beyfalles nicht erlangt, so wäre der Verfaßer
der Dramaturgie versichert etwas nicht ganz
schlech-

ſchlechtes geſchrieben zu haben, denn er ge=
traut ſich neun und neunzig an eines zu wet•
ten, daß über obbenannte von Herrn Schmid
rühmlich bedachte Dramaturgie ſein kriti•
ſches Anathema ſeiner Zeit im vollem Maße
ergehen wird.

Nicht wahr, lieben Leſer, das begrei=
fen Sie nicht völlig? erſt hat er gelobt,
und nun ſollt er tadeln? — hören Sie
nur, die Geſchichte iſt luſtig — Herr
Schmid, der ohne gewöhnlich etwas mehr
als den Titl, höchſtens die Vorrede eines
Buches zu leſen, ſich flugs über die Be-
urtheilung deſſelben hermacht, hatte, als er
die Wieneriſche Dramaturgie recenſirte, nicht
mehr als die erſten dreyzehn Stücke davon
bey der Hand, daß es unbeſonnen, und
voreilig ſey aus dieſen dreyzehnStücken auf das
Ganze auf 25 zu ſchließen, ſo ein Gedanke,
wie käme der in ſeinem Kopf? — er ſeß•
te ſich alſo, die 13 Numern der W. D.
in der Hand auf ſeinem Dreyfuß hin, und
ſchrieb, und ſchrieb, und wie es geſchah,
daß ſein Gekrizel etwas höflichers als Pas•

qui•

quinaden, Anekdöteley, und Schimpfwor=
te enthielt, das mag die feindselige Gott=
heit wissen, die damals der W. D. den
Untergang zugeschworen hatte, — kurz es
geschah, daß er sie lobte —

Wie es nun geschehen wird, daß er sie
tadeln, daß er wie ein gepreßter Matro=
se auf sie schimpfen wird? hören Sie, lieben
Leser, das wird so geschehen: Im Jahr
nach Ch. G. 1778. wird Herr Christian
Seinrich Schmid neuerdings mit einem
Leipziger Musenalmanach aufwarten, bis
dahin werden ihm die noch fehlenden Nu=
mer der Dramaturgie von 14 bis 25 sammt
dem Tittlblatte, und der Vorrede zu Han=
den gekommen seyn — der Verfaßer erbie=
tet sich sie ihm allenfalls postfrey zu über=
senden — die Vorrede, seine gewöhnliche
Lektur wird er nicht ungelesen lassen, da=
selbst wird er seiner in allen Ehren gedacht,
und sich auf die N. 21 und 22 verwiesen
finden, er müßte kein Kritiker seyn, wenn
er nicht so viel Vorwiß hätte diese Nu=
mern nachzuschlagen, und wenn er sie nach=
schlägt,

schlägt, so wird er da eine Lauge für sich
aufgetischt finden, so tichtig und gesal=
zen, daß sie sogar kloßische Dinte, wenn
ihrer noch an seinen Fingern klebt, weg=
waschen soll — begreifen Sie nun, liebe
Leser, was das für Folgen haben muß?
— das elendeste, erbärmlichste ꝛc. Zeug
wird diese arme W. D. seyn müssen —

Aber wie es Herr Christian anfangen
wird um sich nicht offenbar zu widersprechen,
um aus diesem Netze, in das er sich selbst
so ungeschickt verwickelte, loszukommen, oh=
ne wie jener Faun sich immer mehr und mehr
darein zu verwickeln, darauf bin ich wohl
sehr begierig — am Ende zweifle ich doch
wohl nicht, daß er es wird, denn man ist
nicht Doktor Iuris um nichts und wieder
nichts — der Iurist muß sich auf solche
verwickelte casus verstehn, und er wird dem
Kritiker schon aushelfen —

Vielleicht thut er auch was die Iuristen
sonst selten thun, aber öfter die in die Enge
getriebene Schmierer, vielleicht verliert er
von der ganzen Sache kein Wort weiter,

geht

geht mit Gleichgültigkeit, Verachtung
drüber hinaus — mag er, aber Ihn in
die Enge getrieben zu haben wird mir eben
so wenig schmeicheln, als mir, wie er
wohl sieht, seine Recenſion meines Buches
schmeichelte — ich wünsche dem Herrn
Schmid gute Verdauung.—

Druck⸗

Druckfehler.

S. 113.   3 statt daß lies das.

= 24 = 14 = Anadynomenens lies Ana-
            dyomenens.

= 59 = 3 = denn = dem.

= 69 = 3 in der Note statt bedient l. bediente

= 121 = 14 statt fünf lies drey.

= 124 = 13 zwischen sie und die setze hinzu : auf
            dem Theater unpäßlich war, und